系譜から学ぶ
社会調査

20世紀の「社会へのまなざし」と
リサーチ・ヘリテージ

小林多寿子 著
Tazuko Kobayashi

＊

嵯峨野書院

は じ め に

　本書は，おもに 20 世紀をとおしておこなわれた社会調査の系譜
をたどり，これまでどのような社会調査がいかなる方法でおこなわ
れてきたのか，何があきらかにされてきたのかを知ることによって，
社会調査とは何かを社会調査の系譜にそって理解することをめざし
ている。系譜から社会調査について学ぶという視角には，社会調査
に対する二つの考え方が含まれている。一つは，社会調査とは「社
会へのまなざし」であるということ，いま一つは，これまでにおこ
なわれてきた社会調査をリサーチ・ヘリテージとしてとらえること
である。

　現代へつらなる社会調査は，19 世紀後半，近代社会の成立のころ
からおこなわれるようになってきた。「社会へのまなざし」とは，
社会におこっている出来事や問題について実際にどのような状況に
あるのかをよく見て記録するという行為をもとに社会の現実をとら
えようとしてきた実践をさしている。この「社会へのまなざし」の
変遷と「まなざし」の精錬の過程をとおして社会調査とはなにかを
考えたい。誰が何に対してどのような「まなざし」を投げかけ，何
をとらえてきたのかという観点から社会調査の系譜をたどっていく。

　系譜をとおして社会調査を学ぶという視角に含まれるいま一つの
考え方は，リサーチ・ヘリテージという認識である。リサーチ・ヘ
リテージとは「調査遺産」という意味である。19 世紀後半から 1 世
紀以上にわたって社会の実態を「まなざし」て，社会と向きあって
きた社会調査の営みを社会科学的なヘリテージ（遺産）としてとら
えている。ヘリテージという言葉をもちいるのは，蓄積されたもの
を資源と認め，累積的な資源として継承する立場を示すことにその
ねらいがある。社会調査の実践の系譜をたどり，社会調査の営み全

i

体をリサーチ・ヘリテージとして積極的に継承し，現代の社会調査にどのように活かすことができるのかを考えたい。

13 章で構成される本書では，各章で言及した社会調査に関わった「社会調査者のライフヒストリー」をコラムとして設けている。社会調査は「社会へのまなざし」であるという考え方に立つと，社会へ向けている「まなざし」だけでなく，その「まなざし」を向けている人が誰なのかが重要となる。まなざす側から社会調査を理解することで，社会調査の結果だけを知るのではなく，社会調査の意図や経緯，実施状況も含め，人の人に対する働きかけとして社会調査を学ぶきっかけとなるだろう。

私は大阪大学大学院人間科学研究科の経験社会学・社会調査法講座に 1980 年に入学して以来，おもに質的調査を中心としてさまざまな調査に取り組んできた。その講座での指導教授は甲田和衞であった。甲田は，日本で初めての「社会調査法」という名称の入った講座をつくる際に中心となったと聞いている。東京大学で戸田貞三に家族社会学を学んだ甲田は，当時はインドでのフィールドワークにもとづいた交差いとこ婚を主題とする親族研究に取り組んでいたが，数量的社会調査を専門としていた。

甲田から贈られた『社会調査』（共著，1985）の第 8 章「社会調査と経験社会学」に，社会学的方法論の洗練のために社会学者の自伝を知ることの意義に関わってラザースフェルドの自伝に言及している箇所がある。社会調査を理解するために社会調査者としての社会学者の自伝を知るという「社会調査者のライフヒストリー」を重視する視点を私はそこで学んでいる。

本書でとりあげた 21 人の「社会調査者のライフヒストリー」のうち 6 人の社会調査者については，一橋大学大学院社会学研究科博士後期課程に在籍する大学院生，大島岳（ベアトリス・ウェッブ），河村裕樹（ロバート・リンド），関根里奈子（中野卓），徳安慧一（福

はじめに

武直，石田忠），山﨑晶子（フレデリック・ル・プレー）が執筆を担当している。

　本書は，一橋大学社会学部で開講されている「社会調査論」の授業のためのテキストとして著した。近年，社会調査論の授業は受講者が増えて，附属図書館を臨む大教室で講義をおこなっている。より深く知りたいと質問に来る受講生も少なくないので，本書がさらなる学びへの導きの書となれば幸いである。

　2018 年 3 月

小林　多寿子

目　　次

はじめに───────────────────────── i

第1章　リサーチ力をつちかうための社会調査論───── 1

(1)　社会調査の時代──調査があふれている………………………… 1

(2)　リサーチ力の養成 ……………………………………………… 2

(3)　社会調査とはなにか …………………………………………… 4

【社会調査者のライフヒストリー】戸田貞三　　7

　　　　　　　　　　　　　　　福武　直　　8

第2章　社会調査のルーツとヨーロッパにおける先駆者たち─ 10

(1)　社会調査のルーツ ……………………………………………… 10

(2)　ヨーロッパにおける社会調査の先駆者
　　　──フランスのル・プレー…………………………………… 12

(3)　ドイツの場合──エンゲル，ウェーバー…………………… 14

【社会調査者のライフヒストリー】フレデリック・ル・プレー　　15

第3章　貧困調査からの出発──イギリスの場合─────── 18

(1)　チャールズ・ブースの貧困調査……………………………… 18

(2)　B・S・ラウントリーの貧困調査…………………………… 20

(3)　イギリスの社会調査の特徴…………………………………… 23

【社会調査者のライフヒストリー】チャールズ・ブース　　24

　　　　　　　　　　　　　　　ベンジャミン・シーボム・

　　　　　　　　　　　　　　　ラウントリー　　24

　　　　　　　　　　　　　　　ベアトリス・ウェッブ　　25

v

第4章　シカゴ・スタイル──シカゴ学派とアメリカにおける
　　　　　質的調査の出発────────────── 28

① シカゴとシカゴ学派……………………………………28

② シカゴ・スタイル「ズボンの尻を汚せ」………………29

③ 社会科学へ質的データを導く …………………………30

④ シカゴ学派の代表的なモノグラフ ……………………31

⑤ シカゴ学派の調査法への批判と意義…………………32

【社会調査者のライフヒストリー】ロバート・E・パーク　34

第5章　『ミドルタウン』と『ピープルズ・チョイス』
　　　　　──アメリカにおける地域コミュニティ調査と統計的調査─ 37

① シカゴ学派だけではない …………………………………37

② リンド夫妻『ミドルタウン』……………………………38

③ 『ピープルズ・チョイス』………………………………41

【社会調査者のライフヒストリー】ロバート・リンド　44
　　　　　　　　　　　　　　　　ポール・F・ラザースフェルド　45

第6章　明治期の社会へのまなざし
　　　　　──日本における社会調査の萌芽────────── 47

① 行政調査のはじまりと日本近代統計の祖・杉亨二 ………47

② 労働者の誕生と都市下層
　　──横山源之助『日本の下層社会』1899…………………49

③ 燐寸工場と貧困層の労働 …………………………………51

④ 横山の社会観察……………………………………………54

【社会調査者のライフヒストリー】横山源之助　55

目　次

第 7 章　調査時代の到来──大正期の社会へのまなざし── 57

① 社会調査の展開期 ……………………………………………57

② 第 1 回国勢調査の実施 ………………………………………59

③ 国勢調査の意義 ………………………………………………60

④ さまざまな調査機関の設立 …………………………………63

【社会調査者のライフヒストリー】高野岩三郎　64

第 8 章　東京と社会調査──都市問題への調査のまなざし── 67

① 月 島 調 査 ……………………………………………………68

② 浅 草 調 査 ……………………………………………………70

③ 今和次郎と銀座街頭風俗調査 ………………………………72

【社会調査者のライフヒストリー】権田保之助　78
　　　　　　　　　　　　　　　　　今　和次郎　78

第 9 章　農村調査と農村社会学の成立──────── 80

① 有賀喜左衛門の石神村調査 …………………………………81

② 石神村モノグラフ ……………………………………………82

③ 鈴木榮太郎の「自然村」と農村社会調査法 ………………85

【社会調査者のライフヒストリー】有賀喜左衛門　88
　　　　　　　　　　　　　　　　　鈴木榮太郎　88

第 10 章　『鋳物の町』と労働調査──────────── 91

① 社会調査の再出発としての労働調査 ………………………91

② 「鋳物の町」調査と『キューポラのある街』…………………94

③ 「鋳物の町」調査の方法 ……………………………………97

【社会調査者のライフヒストリー】尾高邦雄　100

vii

第 11 章　世論調査の発展 ———————— 102

① 大統領選挙におけるギャラップの成功と「失敗」………102

② 世論調査とサンプリング ………………………………106

③ 政治と世論調査の変容……………………………………108

【社会調査者のライフヒストリー】ジョージ・ギャラップ　111

第 12 章　家族調査とライフコース研究 ———————— 113

① 戦前期の家族調査………………………………………113

② 戦後の家族調査——1950 年代 60 年代………………115

③ 『家族周期論』から『日本人のライフコース』調査へ……117

④ 「現代日本人のライフコース」調査 ……………………119

【社会調査者のライフヒストリー】小山　隆　123
　　　　　　　　　　　　　　　　森岡清美　123

第 13 章　生活史からライフストーリーへ ———————— 126

① 社会調査と生活史法………………………………………126

② ライフヒストリー法リバイバル
　　——個人の社会学的研究…………………………………128

③ ライフストーリー法の可能性 …………………………131

【社会調査者のライフヒストリー】中野　卓　136
　　　　　　　　　　　　　　　　石田　忠　136

事 項 索 引 ———————————————— 139

人 名 索 引 ———————————————— 145

第1章 リサーチ力をつちかうための社会調査論

 1　社会調査の時代——調査があふれている

　現代の日常のなかで目にするさまざまな調査。新聞, 雑誌, テレビ, インターネット等々で, 私たちは, 日々, さまざまな調査を目にしている。たとえば毎月, テレビニュースや新聞などで報道される内閣支持率, これは世論調査として実施されている。視聴率調査, 消費者調査, 失業率を示す労働力調査, 国勢調査など, いろいろあげられるだろう。このように調査があふれている現代社会を私たちは生きている。そこには, 調査をする人, 調査結果を読む人, 調査に協力する人があり, 私たちはいつのまにか社会調査に関わって生きている。社会調査についての基礎知識を得ておくことは, 現代社会を生きていく上で必須のアイテムとなっている。

　社会調査とはなにか。いつごろからどのような調査がおこなわれてきたのか。そもそもなんのために社会調査はおこなわれているのか。社会調査になにができるのか。調査のあふれる時代だからこそ, 社会調査についての適切な理解は不可欠である。

　間違った調査のやり方, いい加減なやり方では社会的現実を適切にとらえることはできない。調査結果を読み違えては社会的現実を理解できないかもしれない。既存の社会調査は, はたしてきちんと「社会」を描いているのかを判断できる力も不可欠である。だからこそ求められるのは社会調査をめぐる総合的なリサーチ力である。

　社会調査について学ぶ社会調査論のめざすところは, リサーチ力の養成である。リサーチ力とは, まず第一に, 自らの問いと条件に

適った方法で調査を実施し，結果を得る，そして調査結果を問いに
対する回答として提示するという調査を実践し，調査結果を示すこ
とのできる力をさしている。つまり調査実施能力としてのリサーチ
力である。だが，調査のあふれている時代においてリサーチ力とは，
自らが調査をする力だけをさすのではない。そこで第二に，たくさ
んある調査の結果のなかでどれが信頼できる調査なのか，どのよう
な調査法が問いをあきらかにするために相応しいのか，提示されて
いる調査結果は適切な方法で実施された成果であるのか，このよう
に問いかけながら調査結果を判断できる力，つまり調査を読み解く
力もリサーチ力として重要である。調査を読み解き，そして調査成
果を適切に利用できる力もまたリサーチ力なのである。いつでも自
らの問いに対して調査を実施することができるわけではない。調査
とは時間とお金のかかるものであり，調査対象の協力も不可欠であ
る。既存の調査がすでに同様の問いに取り組んで結果をだしている
かもしれない。すでにおこなわれた調査の結果を把握し，その結果
を有効に活用できるかどうかを見極める力もリサーチ力である。

② リサーチ力の養成

　リサーチ力はいかに身につけることができるのか。好井裕明によ
れば，リサーチ力の養成は①リサーチ・マインドをつちかう，②リ
サーチ・センスを養う，③リサーチ・リテラシーを高める，という
三つのポイントに留意することになる（好井 2006）。

　①リサーチ・マインドをつちかうとは，「調査する精神・調査す
るこころ」を育てることである。私たちがなにかについて調べたい
とおもうときは，なぜだろう，どうなっているのだろうという「問
い」をもっているときである。その「問い」を追究しようとすると
き，いかに調べることができるかを考えるであろう。社会を調査す
る行為はかならず「問い」をともなっている。「調査する精神・調

査するこころ」は，「なぜ？」や「なに？」という小さな疑問や違和感を大事にすることから出発して「問い」を立てていくことで育まれていく。

②リサーチ・センスを養うとは，社会にむける「まなざし」をつくりあげることをさしている。人が生きるということはどういうことであるかを知り，人で成り立つ社会を考えるために自分なりの「まなざし」をつくりあげる。そのための感覚を養成することがリサーチ・センスを養うことである。社会を構成する人間へ向ける「まなざし」は調査するときに投げかける視線でもある。自分なりの「まなざし」を持てるような感覚を養うことが求められる。

③リサーチ・リテラシーを高める。リサーチ・リテラシーとは，リサーチの「読み書き能力」のことであり，自己のリサーチする力，他者のリサーチを読み解く力を合わせた力をさしている。谷岡一郎が 2000 年にあらわした『「社会調査」のウソ──リサーチ・リテラシーのすすめ』は，マスメディアで調査の結果が氾濫する現代社会において私たちにとって必要なのがリサーチ・リテラシーであると主張した画期的な書物であった。「社会調査はゴミがいっぱい」であるとして，つぎのように表紙カバーには記されている。

　　「世の中に蔓延している「社会調査」の過半数はゴミである。始末の悪いことに，このゴミは参考にされたり引用されたりすることで，新たなゴミを生み出している。ではなぜこのようなゴミが作られるのか。それはこの国では社会調査についてのきちんとした方法論が認識されていないからだ。いい加減なデータが大手を振ってまかり通る日本──デタラメ社会を脱却するために，我々は今こそゴミを見分ける目を養い，ゴミを作らないための方法論を学ぶ必要がある。」（谷岡 2000）

現代社会を生きる私たちには，日々目にするたくさんの「社会調査」の結果がゴミであるかどうかを判別する力が求められている。リサーチ・リテラシーとは，調査の結果として示されたものがゴミであるかどうかを仕分ける力であり，信頼できるデータを見極める力である。ゴミであれば使わない。しかし，信頼できる調査であるならぜひ活用する。すでにある調査データをうまく使うことは，無用な社会調査を減らすことにもなる。だから，信頼できる調査かどうかを見極める力としてのリサーチ・リテラシーは重要なのである。

　リサーチ力としてつちかうことが求められるのは，社会調査をみずからおこなうことのできる力，社会調査を遂行する力である。自分の問題関心にもとづいて調査を企て，方法を検討し，実際に調査をおこない，実態を把握し，なぜそのような実態になっているのかを考える。そのような調査を実践できる力，それもまたリサーチ力である。社会調査は，調べ方が正しくなければ社会科学的な事実をとらえたことにならない。そして調査とは，ものや自然を扱うのではなく，人間や人間で構成される社会を対象とする行為である。そのためには社会調査とはなにかをしっかり把握する必要がある。社会調査とはなにかを学ぶことでリサーチ力をつちかうことが社会調査論のねらいである。

③　社会調査とはなにか

　社会調査とはなにか。調査とは「実際にあたって調べる」ことである。社会調査は，社会科学的に説明のつく方法によって実際にあたって調べることである。社会調査とは，実際に調べる際に，そのやり方，調べ方が社会科学的に説明のつくものでなければならない。

　①　社会調査とは「現実の把握」である。

　社会調査という手法が注目され応用されはじめたのは，19世紀後半から20世紀初頭にかけての時代である。近代化が急速に進む

時代に社会の実態を知り，社会を理解するためにはじまったのが社会調査である。社会調査とは，調査をおこなう者が試みた同時代の現実の把握である。どのように把握するのか，把握するために実践された行為が社会調査の方法である。たとえば，直接に対象の実態を観察する技法であったり，多数の存在から対象を絞りこむ方法であったり，データの幅広さや偏りを考える技術である。これらは調査の技術的な実践のありかたである。

　このような実践によって，はたして「社会」をいかに描きだせるのか，そして「調査」から「社会」をいかにとらえられるのかを考えるのも社会調査論である。（佐藤・山田編 2009）

　②　社会調査とは社会の認識論である。

　社会調査とは，社会をいかに認識するかに関わる実践である。日本の社会調査は，第二次世界大戦後，本格的に展開されている。戸田貞三は，1933 年に日本で最初に「社会調査」を冠した書物である『社会調査』を出版した。第二次世界大戦後，その書物に加筆改訂して『社会調査の方法』（戸田・甲田 1951）を出版している。戸田は「序」のなかで，戦後，学校教育にも社会調査という考えが導入される時代になって社会調査について理解することの必要性をつぎのように説いている。

　　　六三制の実施とともに小学校や中学校に社会科の課程が設けられ，この教科の学習の一部として社会調査ということが盛んに行われ出した。小共達がその生活環境について出来るだけ正確な理解を得る為に行う事実調査が，社会調査という名で広く呼ばれるようになった。（戸田・甲田 1951：1）

　社会学において社会調査が本格的に論じられるようになったのは，1950 年代にはいってからである。福武直によって 1954 年に編集さ

れた『社会調査の方法』（福武編 1954），1958 年に刊行された『社会調査』（福武 1958，補訂版 1984）は新たな一歩であった。福武は，社会調査とは「社会生活との関連においてその意味が追求されること」であるとして，つぎのように述べている。

　　「いかに社会事象の調査とはいえ，単に工場や設備などを漫然と調査したり，交通機関の性能を調べたり，一地域の人口や建造物などを何とはなしに数えあげたりするのは社会調査とはいえない。それらは，社会生活との関連においてその意味が求められるときのみ社会調査となりうる。」（福武 1954：4）

　戦後の日本の社会調査論をリードした福武は，社会調査とは，調査対象や方法だけの問題ではなく，その調査から「社会について考える」姿勢の問題なのであると明言している。つまり，社会調査の本質は「社会について考えること」であり，そのためのデータ収集が社会調査である。ただ，1950 年代から 70 年代にかけて社会調査の社会科学化を求め，アメリカ社会学における数量的社会調査法が積極的に導入され，社会調査法のテキストも種々，刊行された。しかし社会調査の技法についての精緻化は進んでも，社会調査を社会の認識論として考察する視点が深められたとはいえない。安田三郎は，「社会調査とは，一定の社会または社会集団における社会事象を，主として現地調査によって直接に観察，記述，分析する過程である」（安田 1960）と述べ，重要点として「社会事象」と「現地調査」をあげ，社会とのかかわりが不可欠であることを指摘した。だが，多くの社会調査テキストは数量的統計的方法の解説へ傾斜していった。

　2000 年代にはいって，ふたたび社会調査論や社会調査法への関心が高まり，さまざまなテキストが刊行されてきた。社会調査とは

第1章 リサーチ力をつちかうための社会調査論

なにかをめぐってあらたに議論が展開されている。本書では，社会調査とは「社会的な問題意識に基づいてデータを収集し，収集したデータを使って社会について考え，その結果を公表する一連の過程」（木下 2005：第1章「社会調査へようこそ」）ととらえよう。そして社会調査の条件として，つぎの二つの点が要件としてあげられていることはおさえておきたい。一つは，何のためにデータを集めるのかという問い，つまり問題意識の明確な設定である。二つ目は調査結果は公表されなければならないことである。

　本書は，社会調査について理解し，リサーチ力をつちかうために，社会調査の系譜をたどる。とくに近代社会調査の成立以降の社会調査の系譜を欧米と日本において跡づけていく。社会調査とは社会へのまなざしであり，その系譜をたどることはまなざしの変遷を知ることであり，社会調査について理解を深めるのに重要な基礎になるであろう。

社会調査者のライフヒストリー

戸田 貞三　1887-1955

　戸田貞三は，但馬地方の山村（現在の兵庫県朝来市）の地主の家に生まれ，第一高等高校を卒業後，1909 年，東京帝国大学文科大学に入学し，社会学を専攻した。高校時代に東大の初代社会学講座を担当した外山正一（1848-1900）の論文「神代の女性」を図書館で読んだことと，当時，社会学教授であった建部遯吾（1871-1945）の講演を聞いたことが社会学を選ぶ理由になったと述べている。卒業論文「日本における家制度の研究」で家族制度史をテーマとして以来，一貫して家族を研究テーマとし，日本の家族社会学の創始者といわれている。卒業後は，富山県立薬学専門学校で 3 年間ドイツ語を教え，1919 年には創設まもない大原社会問題研究所で社会事業の研究に携わった。建部の要請により 1920 年東大へもどり，すぐに欧米へ 2 年半にわたり留学している。とくにシカゴ大

学にいた1年のあいだに実際の社会現象を深く探究してゆく学風におおいに学び，社会調査の必要性を味わったという。A・スモール，R・パーク，E・バージェス，E・フェアリスらの講義を聞き，フェアリスが非常におもしろかったと回顧している。イギリスとドイツを廻って帰国後の1922年，建部のあとをうけて，東京帝国大学文学部の社会学講座の助教授となる。1923年に担当した講義題目のなかに「社会調査法」があり，日本の社会調査史においては大学における社会調査教育の始まりとして画期的であった。社会調査の講義をまとめて1933年に『社会調査』を出している。家族研究では，第1回国勢調査の結果をもとにして家族構成の研究に取り組み，1937年に学位論文となって『家族構成』を出版している。また今日の日本社会学会の設立と運営にも長く尽力し，1940年から52年まで12年間にわたり日本社会学会の初代会長を務めた。

福武 直 1917-1989

　福武直は岡山県吉備郡（現・岡山市）で生まれる。第六高等学校在学中に社会学を志向し，H・フライヤーやM・ウェーバー，K・マンハイム等の原書を繙いた。東京帝国大学では理論研究を主体とし，尾高邦雄の課外ゼミに参加。卒業論文では社会学方法論に取り組んだ。1940年，同大学院進学時に中国農村調査への参加をきっかけに『中国農村社会の構造』（1946）へ結実する戦時下での調査をおこない，自身の農村社会学の基本的枠組みを実地でつくりあげた。敗戦後は日本農村研究へ重点を移し，『日本農村の社会的性格』（1949）を皮切りに，村落構造類型論や中国農村との比較，農地改革後の村落構造の変動の過程分析を追究していった。1955年からは学生との調査実習も開始し，また自身の社会学原論を体系立てて構想した日高六郎との共著『社会学』（1952）や安田三郎の協力による『社会調査』（1958）がテキストとして版を重ねるなど，戦後の社会学教育にも多大な影響力をあたえた。福武の実証研究の視野は広がりを続け，フランス・イタリアやインド・アメリカでの農村視察記で毎日出版文化賞を受賞した『世界農村の旅』（1962）をきっかけに，大内力・中根千枝と共に行った短期のインド農村調査を『インド村落の社

会経済構造』（1964）としてまとめた。また 1971 年の『日本の農村』を節目に農村社会学から踏み出して，日本社会全般を扱う挑戦として『現代日本社会論』（1972）を執筆した。　　　　　　　　　　　　　［徳安慧一］

【参考文献】

福武直編 1954『社会調査の方法』有斐閣

福武直 1958『社会調査』岩波書店

福武直 1984『社会調査 補訂版』岩波書店

福武直 1990『福武直自伝──社会学と社会的現実』東京大学出版会

川合隆男・竹村英樹編 1998『近代日本社会学者小伝──書誌的考察』勁草書房

川合隆男 2003『戸田貞三──家族研究・実証社会学の軌跡』東信堂

大谷信介・木下栄二・後藤範章・小松洋・永野武編 2005『社会調査へのアプローチ第 2 版──論理と方法』ミネルヴァ書房

佐藤健二・山田一成編 2009『社会調査論』八千代出版

谷岡一郎 2000『「社会調査」のウソ──リサーチ・リテラシーのすすめ』文藝春秋

戸田貞三 1933『社会調査』時潮社

戸田貞三・甲田和衞 1951『社会調査の方法』学生書林

戸田貞三 1954「学究生活の思い出」『学究生活の思い出』宝文館，165-181 頁

安田三郎 1960『社会調査ハンドブック』有斐閣

好井裕明 2006『「あたりまえ」を疑う社会学──質的調査のセンス』光文社

第2章 社会調査のルーツとヨーロッパにおける先駆者たち

 社会調査のルーツ

　社会調査の系譜を学ぶことは社会調査とはなにかを理解するうえで重要である。社会調査は社会へまなざしを向け，社会をとらえようとする試みである。系譜をとおして社会調査の変遷を知ることでどのようなまなざしを社会に向け，いかに社会をとらえようとしてきたのかを理解することになる。

　社会調査はいつごろから始まったのだろうか。社会調査のルーツのひとつはクリスマスにみられるという説がある（木下 2005：2-19）。クリスマスは，イエス・キリストの降誕を祝う日である。日本ではイエス（注・ナザレのイエス 紀元前4年～紀元後28年？）がベツレヘムの馬小屋で誕生した物語がよく知られている。なぜイエスは馬小屋で誕生したのだろうか。イエスの両親（ヨゼフとマリア）が馬小屋で生活していたのではない。ルカ福音書に，「そのころ，皇帝アウグストゥスからおふれが出て，帝国全域の人民の登録が行われることとなった」（ルカ福音書2-1）「すべての人が登録のために，おのおの自分の出た町へ行った」（ルカ福音書2-3）と書かれている（『ルカ福音書』R. V. G. Tasker 編；岩隈直訳註，1972：74-77）。

　つまり当時，ローマ帝国の支配が広がっていたガリラヤ地方ではローマ皇帝アウグストゥスの人口調査の勅令によって，マリアとヨゼフはふだん暮らすナザレの町から本籍地であるベツレヘムへ旅していた。その途上でマリアがイエスを出産したその日が現在，降誕祭，クリスマスとして祝われている。馬小屋で誕生したのはローマ

皇帝による人口調査（帝政ローマ期66年〜73年ユダヤ戦争としてローマ帝国とユダヤ属州のあいだの闘いが繰り広げられ，70年にエルサレムが陥落した）による本籍地への移動の途上であった。社会調査のルーツには支配者・権力者による人口調査があった。古代文明の栄えた国，たとえば紀元前のエジプトや中国では，課税・徴役・徴兵のために支配者が被支配地の人口や土地の広さや生産性などに関する調査を必要としていた。

　領土内の人口調査は，現代の国勢調査（census）につながるものである。しかし，社会調査の起源ではない。調査ではあったが，社会科学的な調査ではなかった。社会科学的な調査であるためには実証性・客観性・正確性・精密性という科学の本質に関わる要件が求められる。科学的であることはとくに研究の実証性と客観性をさしている。実証性とは事実にもとづいて問題をあきらかにすることであり，客観性とは一定の厳密に規定された手続きに従う方法的精密さと研究手続きの公開性あるいはアクセス可能性によって確保される。福武直は，社会事象を人間の社会的生活関連における意味に則して調査すれば，どのような目的を持ち，いかなる主体によっておこなわれようともすべて社会調査と呼べると社会調査を広くとらえる一方で，客観的な事実を蒐集し記録し整理するものでなければ調査の名に値しないと述べている（福武編 1954：4-10）。問題意識の明確化と科学的に精密にする方法への努力によって，社会調査は社会科学的になってきた。

　国勢調査は，領土内の一切の個人をもれなく調査し，一定時点における人口およびその属性について実状を明らかにするものである。国家事業として組織的な国勢調査は，1790年アメリカ合衆国ではじまり，1801年にイギリスやフランス，デンマーク（ノルウェー含），ポルトガルでおこなわれるようになった。日本では1920年（大正9年）に第1回国勢調査が実施され，以来，5年ごとにおこなわれて

いる（第7章参照）。

 ヨーロッパにおける社会調査の先駆者——フランスのル・プレー

　社会調査のもう一つの流れは，社会問題とその解決のための事実の把握という試みから出発している。社会問題とは，19世紀に進展した産業化という近代社会への変容が生みだした歪みや矛盾の社会的現われである。社会問題の現場でおこなわれた現地の探訪や実態の把握が社会調査の誕生につながった。そこで，村上文司が論じたヨーロッパの「社会調査の源流」をもとに，社会調査の系譜をたどりながら，社会へどのようなまなざしが注がれ，社会をいかに調べようとしてきたのか，社会調査の歴史をみながら，社会調査がどのように成立したかを理解しよう。

　ヨーロッパにおける社会調査の先駆者たちとして，まずあげられるのが19世紀フランスのフレデリック・ル・プレーである。ル・プレーは，鉱山大学校で高等教育を受けた優秀な鉱山技術者であり，七月王政から第二帝政期にかけて鉱山大学校教授や鉱山経営のコンサルタントも務めたフランス政府のエリート官僚であった。その一方で，社会調査や家族研究の発展に貢献した社会改良運動家でもあった。

　ヨーロッパ各地への25年におよぶ旅行のなかで労働者生活の実情に触れたル・プレーは，労働者家族の観察記録を作り続け，1855年に『ヨーロッパの労働者』を刊行した。この本は，ヨーロッパ各地の労働者家族の記録をもとに「家族モノグラフ」を収録したものであるが，家族を単位とするモノグラフ法を開発し，現地調査を重視した社会調査の先駆的な書として大きな影響をあたえた。

　『ヨーロッパの労働者』は，のちの社会調査の展開にとって二つの点で意義があった。一つは，社会の基本は家族であり，一国の大部分を形成する労働者家族をみることが重要と考えたことである。

社会の単位として家族をとらえ，社会の研究において家族を重視した。家族生活の中核は財政的収支つまり家計であるとして，家族の研究では家計に着目し，家計簿をとりあげたことも特筆される。

二つめは，少数でも全体を構成する単位を入念に分析することによって全体が明らかにされる立場をうちだしたことである。少数の労働者家族を選定して丹念な調査をおこなうことで労働者の実態をみいだせると考えた。『ヨーロッパの労働者』はヨーロッパ各地で集めた300以上の労働者家族の観察記録から厳選した36の「家族モノグラフ」を収録している。

モノグラフ法とは，「直接観察」によるデータ収集から分析し，モノグラフの叙述をおこなう方法である。『ヨーロッパの労働者』刊行の翌年の1856年に，ル・プレーは，「直接観察」の方法を使用する観察者を訓練し，家族モノグラフの収集と出版するために「社会経済学実践研究国際協会（通称，「社会経済学会」）」という民間の学術団体を設立した。この協会は，「モノグラフ法」を使用する観察者を訓練して「家族モノグラフ」の収集につとめた。集められたモノグラフは，ル・プレーのアパートで毎週開催された会合で論議された（村上 2008：12）という。家族を単位とするモノグラフ法を開発し，その普及につとめたル・プレーは，「現地調査」（field work）を重視する「質的社会調査」の創始者であったといわれている（村上 2008：17）。

ル・プレーの打ち出したモノグラフ法と社会改良の研究は，フランスにおいてル・プレー学派として継承され，さらにイギリスではロンドンにル・プレー・ハウスが設立される等，社会調査の基礎となる影響がひろがっていた。もっとも顕著なのは，当時のプロイセン，現在のドイツのエンゲルへの影響である。

ドイツの場合――エンゲル,ウェーバー

　ドイツのエルンスト・エンゲル（1821-1896）は，19世紀後半の社会統計学者であり，統計的社会調査の先駆者の一人とされている。ル・プレーが『ヨーロッパの労働者』に収録したベルギー労働者の家計データを活用して1858年にエンゲルの法則として有名な「家計法則」を発見した（エンゲル 1968）（村上 2008：10）。エンゲルの法則とは，所得の低い家庭ほど家計の消費支出に占める食費の割合が大きくなるというものである。ベルギー労働者家族の生活費を分析して見いだしたエンゲル係数といわれる消費支出に占める食糧費の割合が示す数値は家族と経済の問題を考える際の指標の一つとされている。いまもなお日本の学校教育のなかで教えられており，2010年代の日本の世帯平均エンゲル係数は23％台にある。

　エンゲルは，ドイツのザクセンおよびプロイセンという二つの王国で統計局長を歴任した社会統計学者であった。中央主権的な統計官庁を整備し，統計調査の行政への活用や統計調査の革新を図り，近代統計家の養成のための統計ゼミナールを開設するなど，社会統計の近代化へ道を開くことに寄与した社会調査の先駆者のひとりとされている。

　19世紀末から20世紀にかけて活躍したドイツの社会学者マックス・ウェーバー（1864-1920）は，政治社会学，宗教社会学，理解社会学，歴史社会学，経済と社会等の研究で多くの業績をあげ，日本の社会科学にも大きな影響をあたえてきた。社会調査においても先駆的な調査活動をおこない，また社会調査の学術化をめざした社会学者であった（村上 2010）。村上は，ウェーバーが試みた調査活動として農業労働調査や新聞調査，アメリカ旅行での人間観察も含めて15種の調査をあげ，その調査方法を検討して，調査機関の設立も考えるなど，ウェーバーが社会調査に学術的に取り組んだことを

あきらかにしている。なかでもウェーバーが 1908 年と 1909 年にウェストファーレン州の織物工場でおこなった労働能率に関する現地調査は織布労働者のモノグラフを収録した著作にその成果があらわされている（ヴェーバー 1975『工業労働調査論』）。

　ウェーバーのもっともよく知られる著作の一つ『プロテスタンティズムの倫理と資本主義の精神』（1904-1905）もまた，1904 年 7 月から 12 月にかけてアメリカ訪問の際にアメリカで企てた「人間観察」という調査活動の成果であるという。アメリカのプロテスタンティズムの教派と資本主義の精神のあいだに深い関係があることを示す「言説」や「語り」を収集する「人間観察」を実践して，ウェーバー自身の目や耳で直接収集した素材に基づいた論考へ練り上げた作品である。アメリカでの現地調査に基づいて宗派の禁欲倫理と資本主義の精神の親和関係が当時のアメリカに存続するあかしをみいだした調査モノグラフともいえるのではないかと指摘されている（村上 2010）。ウェーバーが大学や所属学会や社会科学雑誌で取り組んださまざまな社会調査活動は，社会調査を学術的なものにしていくことをめざした社会調査の学術化の実践であった。

社会調査者のライフヒストリー

フレデリック・ル・プレー Frédéric Le Play　1806-1882

　フレデリック・ル・プレーは，フランス・ノルマンディー地方オンフルールに近い漁村で第一帝政成立の直後に生まれ，第三共和制の下で生涯を終えた。大革命後の不安定な社会秩序の時代を生きたことがル・プレーに社会改良を目指させることになった。18 歳のとき，エンジニアの公的な責務に関する話に感銘を受け，エンジニアになることを決意する。その後，パリの名門理工科学校に入学，優秀な成績で卒業したのち高等鉱山学校で冶金学を専攻した。卒業時には 200 日に渡りドイツで多数の

鉱山や工場を訪問し，その際，鉱山総責任者の勧めにより多数の労働者家族を私的に訪ねて話を聞いた。この経験からル・プレーは直接観察による経験的社会科学こそが社会的現実を摑む確かな指針になるという確信をもつ。鉱山技師として要職を歴任したル・プレーは，商務省から毎年6ヶ月間有給での現地調査を許可され，ヨーロッパ諸国を訪問した。冶金技術調査の傍ら，労働者家族と家計，労働者と雇用主との関係，地域社会の人びとの観念や感情を調査，観察し続けた。この長年にわたる膨大な調査結果をもとに1855年『ヨーロッパの労働者』を刊行した。翌1856年にル・プレーの方法を継承するために発足した社会経済学会はル・プレー学派と呼ばれ，社会学史上初の社会学派とされる。1864年には『フランスにおける社会改良』を出版，その後も社会平和連合創設，学会誌「社会改良」創刊など，ル・プレーは社会秩序再興のために奔走し続けた。 [山﨑晶子]

【参考文献】

エンゲル，E. 1968『ベルギー労働者家族の生活費』大原社会問題研究所編，森戸辰男訳，第一出版

福武直編 1954『社会調査の方法』有斐閣

村上文司 2008「フレデリック・ル・プレーの生涯」『社会科学研究（釧路公立大学紀要）』第20号，3-23頁

村上文司 2010「家族モノグラフの生成──社会調査家ル・プレーの再発見(1)」『人文・自然科学研究（釧路公立大学紀要）』第22号，1-14頁

村上文司 2014「家族モノグラフ法のフォルミュラシオン──社会調査家ル・プレーの再発見（2・完）」『人文・自然科学研究（釧路公立大学紀要）』第26号，5-24頁

村上文司 2014『社会調査の源流──ル・プレー，エンゲル，ヴェーバー』法律文化社

夏刈康男 2008『タルドとデュルケム──社会学者へのパルクール』学文社

鈴木榮太郎 1932「農村社会学的貢献としての英国ルプレー派社会学の研究」

『各務研究報告』第24号，岐阜高等農林学校

大谷信介・木下栄二・後藤範章・小松洋・永野武編 2005『社会調査へのアプ
　　ローチ［第2版］――論理と方法』ミネルヴァ書房

高木勇夫 1993「ル・プレー学派の系譜」『日本福祉大学　研究紀要第2分冊』
　　88号，241-271頁

ヴェーバー，M. 1988『プロテスタンティズムの倫理と資本主義の精神』大塚
　　久雄訳，岩波書店

ヴェーバー，M. 1975『工業労働調査論』鼓肇雄訳，日本労働協会

第3章 貧困調査からの出発
イギリスの場合

　近代の社会調査の誕生と発展をうながしたのは，社会問題とその解決のために事実を把握しようとする強い志向であった。19世紀後半から20世紀初頭にかけて「救貧」「都市」「産業労働」の領域で社会調査への関心が高まった。とりわけ社会調査への契機は社会問題としての貧困の実態を把握する試みにあった。

 チャールズ・ブースの貧困調査

　イギリスのチャールズ・ブース（1840-1916）がおこなった貧困調査は今日につながる社会調査の出発点の一つとされている。19世紀後半，ビクトリア朝のイギリスでは，資本主義の発展による富の集積が貧困の蓄積と同時に進行していた時代であった。ル・プレーから学んだブースは，労働者階級の生活が悲惨を極めていた時代にロンドンの貧困調査に取り組み，『ロンドンにおける民衆の生活と労働』全17巻（1889-1902）として調査の集大成をまとめている。

　ブースの貧困調査は，東ロンドンの典型的な貧困学区であったタワー・ハムレッツ学区ではじまった。1886年からこの学区の住民の生活状態を知る生活調査と労働状態を知るための職業調査を組み合わせた地域調査に取り組んだ。ここでとられた調査方法は，ベアトリス・ウェッブが「間接的面接法」と名づけた方法である。学童の学校出席を促す巡回訪問員が情報源となった。

　ウェッブ（ウェッブ＆ウェッブ 1982：194-197, 阿部 1994：22）によると，ブースの貧困調査は調査法の開発にも意義があった。各家族あるいは各街区の直接的間接的観察の結果をセンサスの統計に結び

つける方法をとることで，全調査対象，全領域に対して同質的な調査の実施を可能にした。そしてこの同質的な調査から得られた「質的情報」と「量的情報」を統合することで，一定の時期の一定の地域内の全人口の状態の洞察を得るのに適した技術を開発した。その結果，当時ロンドンの人口は，100万世帯400万人を超えていたものの，大都市ロンドンの「貧困調査」は約20名のスタッフによってわずか5年で完了したという。

　ブースは，ロンドンの人びとを生活水準によって8つの階級分類でとらえている。「コンフォート comfort」を基準としてそれ以下の状態を貧困とし，さらに貧困をひとくくりにせず，貧困線以下の者を，二種の貧困者（規則的少額稼得者と不規則的稼得者），極貧者，最下層，として貧困を雇用の定規性と収入の程度に応じて4つに分類した。「コンフォート」とは，「身体的安楽さと苦痛あるいは拘束から解放の状態 a state of physical ease and freedom from pain or constraint」と規定しており，貧困とは，コンフォートにない状態，つまり苦痛や拘束をともなった身体的に困難な状態にあることを示している。貧困状態の細分化は，臨時労働，不規則就労，低賃金という労働状態にかかわる基準で区分している。ブースは，雇用と賃金の問題が貧困を生みだしていること，そして貧困とは「コンフォート」のない困難な状態にあることを明確にしている。ロンドンの人口の30.7%が貧困に分類された。

　ブースの調査結果では，とくに①貧困地図の作成，②貧困の原因の分析という2点が注目される。ロンドンを7つの色で塗り分けた貧困地図の作成により，ロンドン全体のなかで貧困地区を把握し，ロンドンという都市空間が貧富によっていかに構成されているかを図示した。貧困の原因分析では，東ロンドン地区の世帯主4000ケースをもとに，貧困の原因が「雇用の問題」や「環境の問題」という社会的なものであることを示した。貧困が個人の人格的欠陥とし

て考えられる「習慣の問題」ではないことをあきらかにした。

　ブースの功績は，貧困の明確な規定と統計的方法によって貧困を客観的事実として解明したことにある。貧困を科学の言葉でおきかえたとも評されている。貧困調査は，公的扶助制度を充実させる社会政策的な貢献を導いていくことになり，イギリスの社会保障・社会福祉の政策や制度に多大な影響を及ぼした。

 B・S・ラウントリーの貧困調査

　イングランド北部，ノースヨークシャー州の都市ヨークは，ゴシック建築のヨーク・ミンスターが中心部にそびえ，中世に築かれた城壁の残る小都市である。ブースの貧困調査に触発されたラウントリー（1871-1954）は，1899年3月から9月にかけて，ロンドンと地方都市の比較を念頭において，ヨークで労働者階級の貧困調査に取り組んだ。

　ラウントリーの調査の特徴は，一つにはヨークの労働者階級家庭を網羅的に戸別訪問していわゆる全数調査をおこなったこと，二つには，貧困概念を精緻化してヨークの人口のなかに占める貧困の割合を数値で示したこと，三つには労働者一生の経済状態を貧困曲線にあらわしたことにある。

　ラウントリーは，第一次貧困と第二次貧困という二種類の生活状態で貧困をとらえた。第一次貧困とは，一家の総収入が単なる肉体的能率を保持するために必要な最小限度にも足らない状態，第二次貧困とは，総収入が単なる肉体的能率を保持するに足る状態をいう。つまりラウントリーの貧困調査とは，労働者階級家庭の家計と食事に着目して，肉体的能率を保持できるものを食べているかどうか，食べることのできる収入があるかどうかで貧困を測ろうとする調査であった。

　ラウントリーの調査方法はじつにユニークであった。調査対象と

した労働者家庭の主婦に手帳を渡し，最初の頁に一週間の総収入と
家族全員の年齢と性別，家賃を記し，一日２頁を使って，１頁目に
一日の総支出額，購入品の品目と数量と値段，２頁目に食事ごとに
とった飲食物と人数を記入してもらう。対象者自らに家計簿と食事
日記をつけてもらうという方法であった。労働者家庭の献立をみる
と，食事内容，栄養状態が一目瞭然であり，貧困の程度がただちに
推測される。

　ラウントリーは，家計簿と食事日記を記した手帳をもとに，①食
物，②家賃，③家庭雑費（衣服，燈火，燃料等）の合計を必要経費の
最低限として算出した「身体的健康だけを保持するために必要な最
小限度の支出額」とし，総収入からこの額を引いて算定した額を
「第一次貧困線」としてヨークの人口のどれくらいの割合が「第一
次貧困」の生活状態にあるかを算定した。その結果，1465 家庭
（7230 人）が第一次貧困の生活水準にあることがわかる。これはヨ
ークの労働者階級総数の 15.5%，総人口の 9.9%であった。

　さらに，第二次貧困の生活状態の調査を外部観察と報告よりなる
資料をもとにおこなった。外部観察とは，調査担当者が個別訪問の
際，欠乏や汚雑という貧困の表現（証拠）があるかないかを丹念に
確かめて歩いたことをさしており，隣近所の人びとや当該家庭の家
族から飲酒について直接の聞き込み調査も含めている。第二次貧困
とは，一家の総収入が他の費途に転用されない限り単なる肉体的能
率を保持するのに足る状態をさしている。つまり家族は食べていけ
る，ただし他へ回す余地はないという状態であり，困窮の要因とな
る飲酒や賭博などへの支出が調査項目となった。この調査をもとに
算定された「第二次貧困」生活者は 13072 人，総人口に対する割合
は 17.9%であった。結局，貧困者総数は 20302 人，総人口の 27.8%，
つまり当時のヨーク人口の約３割近い人が貧困にあるということが
あきらかにされた。

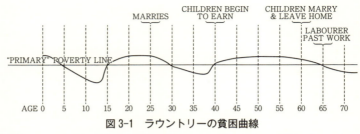

図 3-1　ラウントリーの貧困曲線

出典：Rowntree, B. S., *Poverty: A study of town life*, reprinted 1997: 137

　ヨークの貧困調査の成果では，労働者個人の生涯のあいだに貧困の程度にも波のあることをあらわした「ラウントリーの貧困曲線 diagram」がいまもよく知られる（図3-1参照）。

　第一次貧困線 primary poverty line をまんなかにして労働者個人一生の経済状態には波状的なサイクルがあり，食べるものにもこと欠き「たんなる肉体的能率を保持することが困難な」困窮する生活状態が子ども期，中年初期，老年期と人生で3回あることが示された。貧困者はいつも同じ程度の貧困にあるのではない。労働者の一生という長いライフサイクル的スパンでみると，その生活には「困窮」と「比較的余裕のある生活 want and comparative plenty」とが交互にくることによって5回の違った生活様相に直面することがモデル図式的に示された。

　第一次貧困の原因を検討したラウントリーは，つぎの6つの直接的原因をあげている。①主たる賃金所得者の死亡，②災害，病気，老齢による主たる賃金所得者の労働不能，③主たる賃金所得者の失業，④慢性的な不規則労働，⑤家族員数の多数（子どもが四人以上ある場合），⑥低賃金，である。労働者が働いても貧困な状態にあること自体は賃金の安さが第一の原因である。それ以外の原因，とくに②老齢による労働不能と⑤子どもの数が多いことによって，生涯のなかですくなくとも3回はとくに経済的困窮に陥る時期がある。労

働者自身の子ども期，自身が親になって子育てをしている時期，そして労働能力を失う高齢期である。労働者は一生涯にわたり貧困なのではない。経済的余裕のある時期と困窮の時期が波状的に生じる実態が図示された。とくに困窮期を救済するには子どもに関わる時期に児童手当，高齢期に労働不能になったときに老齢年金が有効であろう。このような社会保障制度を施すによって困窮から救われることが調査の成果として明快に示されたことは福祉政策への説得力あるデータともなった。

 イギリスの社会調査の特徴

　貧困調査とは，社会問題の発見であった。社会調査の発展への基礎となったイギリスの伝統として，①「事実こそ力」，②政治と調査のかたい絆，この二つの点があげられている（井垣 1968：8-9）。つまり，社会の実状の客観的な把握にもとづいて政策をたてることがめざされた。イギリスにおける社会調査の特徴は，社会調査を政治や社会改良に結びつけたところにある。ブースやラウントリーは，貧困調査の結果，貧困の大きな要因が低賃金にあり，働けど働けど貧乏からぬけきれないこと，貧困がたんに個人の怠惰や不行跡にもとづくのでなく，社会構造自体の問題であることをあきらかにした。この点は，貧困についての考え方の根本的変革をもたらした。貧困に対する公的責任を明確化し，国家的政策を推進させる役割をはたした。だから，ブースやラウントリーの貧困調査の成果は，後のイギリスの社会保障制度への端緒となった。経済学者 A・マーシャルは，ブースの調査を「福祉国家への出発」と評価したのである。

社会調査者のライフヒストリー

チャールズ・ブース Charles J. Booth　1840-1916

　チャールズ・ブースは，イギリス・リヴァプールの富裕な中産階級の出身で，中等学校を卒業後，汽船会社に入社し実業家としての実務を学ぶ。26歳のときに兄と共同で船2隻を建造し，「ブース汽船会社」を起こした。健康を害したり不況に合ったりしたものの成功し，1875年にはロンドンに支社を開き，兄から経営権を委譲されたブースは経営を拡大して大実業家になった。31歳で結婚した妻メアリーはベアトリス・ウェッブのいとこにあたり，この関係でベアトリスはブースのロンドン調査に加わっている。1886年ベアトリスらの協力者とともにロンドン調査のための初会合を開いた。ブース汽船会社の最高責任者として事業を発展させるかたわら，仕事を終えた夕方から深夜にかけて調査活動をおこなった。私費で有能な調査スタッフを雇い，ロンドン調査をおこなった。ブースは，老齢貧困者の救済にも関心をもち，1899年には『老齢年金と老齢貧民――一つの提案』を出版している。老齢貧困者の救済は救貧制度ではなく国家による年金制度によっておこなわれるべきことを提案し，老齢年金キャンペーン活動にも積極的に参加し，年金法の確立に貢献した。1892年には王立統計協会の会長に就任し，1898年にはケンブリッジ大学から社会科学者としての名誉学位を授与されている。1912年にブース汽船会社の経営権を甥に譲った後も労働者と労働組合の問題についての著作を表わしており，終生，民間の研究者として社会問題への思索を保ちつづけた。

ベンジャミン・シーボム・ラウントリー B. S. Rowntree　1871-1954

　ベンジャミン・シーボム・ラウントリー（以下，シーボム）は，イングランド北部のヨークで，チョコレート会社を経営する父ジョーゼフ・ラウントリー（1836-1925）のもとに生まれた。父は敬虔なクェーカー教徒であり，シーボムはクェーカーが創設した学校に11歳で入学し，16歳

でオウェンズ・カレッジ（のちのマンチェスター大学）に入ったが，18歳で中退して家業であるチョコレート工場に入る。父ジョーゼフは，父の兄とともに食料品雑貨商からココア・チョコレート製造工場を起こして数百名の従業員を抱える会社として成長させた実業家であり，従業員教育や労働環境，住宅の整備に務め，貧困問題にもかかわった人間的理念をもった経営者としてイギリスでは知られている。とくに1904年に三つのトラスト（公益信託）を設立して住宅問題やチャリティ事業に関わる社会改良活動をおこない，フィランソロピーの先駆けとなった。三つのトラストにはジョーゼフ・ラウントリーが冠されており，いまもそれぞれ独立した社会事業活動をおこなっている。

　シーボムは1897年にチョコレート会社の取締役となり，1919年には経営の最高責任者となって父の企業内福祉政策を受け継いだ労働体制と労働効率を高める経営を実践した。ラウントリー社は1939年には世界で第三位のチョコレート企業に成長した。シーボムは，1924年10月から11月にかけて約1か月，日本を訪問している。当時，資本提携を考えていた森永製菓の招きにより夫婦で訪日し，東京や大阪，神戸，京都などを訪れ，工場見学やビジネス交渉をおこなったほか，11月7日には東京商科大学の上田辰之助の司会により四，五百名の学生を前に「産業全般について」通訳なしで講演している。シーボムは，ヨークで1936年に第二次貧困調査，1950年に第三次貧困調査に取り組み，1941年に『*Poverty and Progress: A Second Social Survey of York*』，1951年に『*Poverty and the Welfare State: A Third Social Survey of York dealing only with Economic Questions*』（G・R・Laversとの共著）として貧困調査の成果を出版し続けた。

ベアトリス・ウェッブ Beatrice Webb　1858-1943

　ベアトリス・ウェッブは，イングランド南西部グロスターの大資本家に生まれた。学校に行かず，家で教育をうけたが，家庭教師は，社会学の創始者の一人ともされ，社会進化論を唱えたハーバート・スペンサーであった。そこで社会学の基礎を学び，外では慈善組織協会で貧困問題

の実践的経験を積んだ。1885年にフェビアン協会に加入し，のちに中心的役割を担っていった。1886年，ブースの貧困調査に参加し，イーストエンドにあるドック産業の職業調査を担った。つづけて苦汗産業ともいわれた劣悪な労働条件の搾取的産業での労働者実態調査，1887年には協同組合運動を調査した。1892年，シドニー・ウェッブと結婚し，その直後にはLondon School of Economics（LSE）を共同設立し，社会科学の発展に貢献した。またフェビアン協会の結成でもシドニーとともに重要な役割をはたしている。その後，『労働組合運動の歴史』（1894）と『産業民主制論』（1897）を出版し，(1)社会を静態的に把握するブースの記述的分析を超えて社会動態をとらえるために，歴史的方法をとりいれた。(2)理論的にも，コモン・ルール（最低労働条件をめぐる労使協定）とナショナル・ミニマム（最低賃金・最長労働時間・衛生と安全・義務教育）の原則をうちだした。「救貧法と貧困救済に関する王立委員会」では委員として『少数派報告』（1909）を発表し，労働党の母体と福祉政策の理論的な支柱を築いた。1932年には調査法の黎明期を代表する『社会調査の方法』を著し，邦訳（1982）でも読むことができる。　　　［大島岳］

【参考文献】

阿部實　1994「チャールズ・ブースと「貧困調査」」『社会調査──歴史と視点』石川淳志・橋本和孝・浜谷正晴編，ミネルヴァ書房，3-23頁

ハリスン，ロイドン　2005『ウェッブ夫妻の生涯と時代──1858-1905年：生誕から共同事業の形成まで』大前眞訳，ミネルヴァ書房

井垣章二　1968『社会調査入門』ミネルヴァ書房

石田忠　1959「チャールズ・ブースのロンドン調査について」『一橋大学研究年報 社会学研究』2号，313-385頁

石田忠　1961「チャールズ・ブース研究──英国社会調査史・序説」『一橋大学研究年報 社会学研究』4号，79-145頁

Rowntree, B. Seebohm, 1901 *Poverty: a study of town life*, London: Macmillan

ラウントリー，B. S. 1959『貧乏研究』長沼弘毅訳，ダイヤモンド社

ウェッブ，シドニー＆ウェッブ，ベアトリス［1932］1982『社会調査の方法』

川喜多喬訳，東京大学出版会

武田尚子 2014『20世紀イギリスの都市労働者と生活：ロウントリーの貧困研究と調査の軌跡』ミネルヴァ書房

ヴァーノン，アン 2006『ジョーゼフ・ラウントリーの生涯』佐伯岩夫・岡村東洋光訳，創元社

山本通 2006「B・シーボーム・ラウントリーの日本滞在記（1924年）：ラウントリー社と森永製菓の資本提携の企画について」『商経論叢』41，神奈川大学，51-66頁

第4章 シカゴ・スタイル
シカゴ学派とアメリカにおける質的調査の出発

 シカゴとシカゴ学派

 シカゴは，アメリカ中西部，ミシガン湖の南西湖畔に位置する人口約270万人，郊外も含めたメトロポリタン人口約900万人近くに達する，ニューヨーク，ロサンジェルスについで全米第3位の大都市である（2010年センサス）。シカゴは，1833年，人口わずか350人で町制を施行して以降，19世紀後半には中西部穀倉地帯を後背地とする農産物の集散地として，また鉄道網の中心地として急速な工業化が進み，人口が増大した。1871年シカゴ大火で当時の人口30万人中，10万人が家屋を焼失したが，再建後は，一層，経済発展し，ヨーロッパからの移民が急増して1890年には100万人都市へと成長した。20世紀に入るとシカゴは工業と流通の中心地としても発展し，第一次世界大戦中の好景気時には労働力不足のため，ヨーロッパからの移民だけでなく南部から黒人労働者が流入し，人種暴動や労働運動が頻発する都市となっていた。また人種と階層による都市の棲み分けが進み，禁酒法時代（1920-33年）にはアル・カポネのようなギャングが横行し，当時，「無法と腐敗の町」ともいわれた。19世紀終わりから20世紀初頭にかけてのまるで沸騰するような成長と混沌の状態にあった都市シカゴをフィールドとしてうみだされたのがシカゴ学派である。

 シカゴ大学社会学部は，1892年，世界で最初の社会学部として誕生した。A・スモール，G・ヴィンセント，W・I・トマスらアメリカ社会学の基礎を築いた社会学者らが多くの若い研究者を育て，ロ

バート・E・パークとアーネスト・バージェスが中心となった1920年代30年代にはシカゴ学派の黄金時代を迎えた。

 シカゴ・スタイル「ズボンの尻を汚せ」

シカゴ学派といえば都市社会学であり，19世紀後半から20世紀初頭にかけてのシカゴがシカゴ学派をうみだした。急激に発展をとげる都市シカゴを調査研究してシカゴ学派都市社会学を築いた中心的存在がパークであった。パークは1914年，50歳でシカゴ大学へ赴任し，経験的調査研究を重視するシカゴ・スタイルをつくりあげた。

> 「諸君，街に出ていって諸君のズボンの尻を「実際の」そして「本当の」調査で汚してみなさい。go and get the seat of your pants dirty in real research」（佐藤 2006：16）

若い学生たちに大学から外へ出て，シカゴの町中へいくよう背中を押したパークの言葉である。急激に発展して混沌状態にあるシカゴは都市研究の絶好のフィールドであり，「実験室」としてのシカゴともいわれた。パークは，その情熱的な指導によって，実際の調査にもとづく調査研究の重要性，とりわけ第一次資料の収集の必要性を説いた。

「社会調査からみた初期シカゴ学派」（1997）を表わした中野正大によれば，シカゴ・スタイルの特徴はフィールドスタディにある。現場が大事，現地を見て知って初めてわかる，実際の現場は穢い，臭い，汚れる，そして汗をかくかもしれない，しかし研究室に籠ってアームチェアに座っているだけではわからない，フィールドワークが重要なのであるという経験的調査研究のやりかたをパークは重視した。フィールドスタディを推進したパークの言葉に励まされて

シカゴ大学から大都市シカゴというフィールドへ飛び出しいった多くの学生から，1915年から1935年の20年間に，202名の修士号，113人の博士号取得者が出ている（中野 1997：6）。かれらは大学院修了後，全米の大学の教壇に立つことでシカゴ・スタイルを広めていくことになった。

3 社会科学へ質的データを導く

　シカゴ社会学における調査研究の特徴としてのシカゴ・スタイルは，参与観察やインタビューによる第一次資料の収集の重視に加えて，ライフヒストリーや手紙などパーソナルドキュメントを社会学的調査データとして用いた。W・I・トマスとF・ズナニエツキによる『ヨーロッパとアメリカにおけるポーランド農民』(1918-1920)（以下，『ポーランド農民』と略）が，先駆的作品であり，社会科学へ質的データを導いた。

　『ポーランド農民』は，全5巻2250頁からなる。19世紀末からアメリカへ来たポーランド移民はアメリカ社会への定着と適応という問題に直面し，その過程において社会解体を経験する。社会解体とは，「既存の社会的行動規則が個々の集団にたいして影響力を低下すること」であるが，いかに社会解体を克服し新しい環境に適応していくか，その課題に対して膨大なドキュメントを収集してポーランド農民の実態を理解する資料とした。とくに①手紙（ポーランド移民とポーランドの家族の間で交わされた個人的手紙762通），②生活史（ポーランド移民青年ウラデクに依頼して書いてもらった自伝），③新聞記事（ポーランドの新聞に掲載された農民の投稿記事を利用），④裁判記録（アメリカにきたポーランド移民の犯罪や非行のケース），⑤各種の社会機関の記録（社会福祉機関やポーランド系アメリカ人組織や教会の資料を利用），という5つの種類のドキュメントをあげることができる。

ヒューマン・ドキュメントとは「個人の経験を説明したもの」であり，質的データである。「それらによって人間行為者として，また社会生活の参加者としての個人の行為が明確になる」とブルーマーは指摘している（ブルーマー 1983：175）。

5つのヒューマン・ドキュメントのうち，①手紙と②生活史が個人的（パーソナル）ドキュメントであり，「ある個人が自分自身の行為，経験，信念について自発的に第一人称で語っている」ものである。③新聞記事，④裁判記録，⑤各種の社会機関の記録が「公的」な性格をもつドキュメント（中野 1997：8）である。

トマスは，個人的ドキュメントをとくに重要視し，「個人の生活記録をできるだけ揃えれば，それは完璧な社会学的資料となると言えよう」と述べている（トマス＆ズナニエツキ 1983：88）。『ポーランド農民』は，個人的記録が人間の態度やパースペクティヴという主観的要因を把握するのにきわめて重要な資料となりうることを示した点で画期的な調査研究であった。個人的ドキュメントは「理論的解釈の決定的な検証になっていない」のではないかという批判もあったが（中野 1997：9），アメリカの社会調査の展開は，まずトマスとズナニエツキの記念碑的著作『ポーランド農民』から始まるといわれている。

 シカゴ学派の代表的なモノグラフ

シカゴ学派の特徴は，シカゴの町でおこなったフィールドワークをもとにして都市的世界を描いた数多くのモノグラフが出版されたことにあり，のちに都市エスノグラフィといわれる領域を形作ることになった。いくつかモノグラフをあげてみよう。

①ネルス・アンダーソン『ホーボー――ホームレスの人たちの社会学』(1923) は，渡り労働者という都市下層の社会的世界を描く。②ハーベイ・W・ゾーボー『ゴールドコーストとスラム』(1929) は，

ミシガン湖畔の上流階級が住むゴールドコーストと隣接するスラム街という二つの対照的な地域を描く。③ポール・G・クレッシー『タクシー・ダンスホール』（1932）は，禁酒法時代のシカゴのダンスホールをシカゴ大学の仲間4人とともに参与観察したモノグラフである。④クリフォード・R・ショウ『ジャック・ローラー——ある非行少年自身の物語』（1930）。

ショウ（1896-1957）は，シカゴ大学大学院に在籍しつつ1921年から1923年にかけて非行少年の矯正施設で臨時の保護観察官をしていた。そのときに非行少年スタンレー（仮名）に出会い，スタンレーとのインタビューを重ねる。スタンレー自身が書いたストーリー（own story）とスタンレーの居住地の社会的・文化的背景や家族構成，非行歴の公的記録，矯正施設への収容歴，教育歴，職歴，臨床診断記録，保護観察官の記録など彼に関する参考資料を組み合わせて，『ジャック・ローラー』という作品を書いた。さまざまな記録を収集して客観的資料を提示しているものの，『ジャック・ローラー』はその後の質的調査法のなかでも，人生の語りに注目するライフストーリー法作品の出発点とされている。

シカゴ学派は質的調査法のスタートに位置する社会学的研究として評価されている。だが，実際には，数量的方法を用いたモノグラフや統計的データを利用した議論もだされている。たとえば，量的方法によるモノグラフとしてアーネスト・マウラーの『家族解体』（1927）やルース・キャバン『自殺』（1928）などをあげることができる。シカゴ社会学はけっして質的方法に偏っているのではなかった（中野 1997：22-30）。

⑤　シカゴ学派の調査法への批判と意義

シカゴ学派はその後の社会調査法の出発点としていまもなお大きな影響力をもっている。しかし，批判も受けてきた。おもな批判点

を2つあげるなら，一つは，たんなるシカゴの町のルポルタージュにすぎないのではないかという批判である。初期の作品には調査方法を記述していないものがほとんどであり，社会学的調査法としていかなるアプローチをとって対象へ迫ったのかを記すことの必要性への自覚が乏しかった（中野 1997：31-32）。

　もう一つは，明示的に仮説をもって調査に臨んでおらず，「はっきり定式化された社会学的仮説を検証しようとしなかった」という批判である（中野 1997：32-33）。この点はシカゴ学派の最大の弱点といわれる。シカゴ学派の多くのモノグラフは，仮説検証型の調査ではなく，探索的調査 exploratory research であった。探索的調査は，問題発見型の調査ともいわれ，記述的に対象を描くことになる。その結果シカゴ学派は都市エスノグラフィを発展させていくことになった。

　これらの批判や問題点が投げかけられたのは実際にはシカゴ学派の黄金期から半世紀近くたってからのことである。シカゴ学派を出発点として，社会学的調査研究は進化し，社会調査の技法は発展した。シカゴ学派の研究は，混沌としながらもダイナミックな成長を遂げる当時のシカゴの町とそこに生きる人びとをとらえたいという動機が先に立っていたことも確かである。だから，たとえばマーチン・バルマーは，シカゴ学派のモノグラフが，いまもみずみずしさを失っていないと述べ，とくにつぎの3点をシカゴ学派の功績として指摘している（中野 1997：33）。①あらゆる種類の文献的源泉の利用が鼓舞されたこと，②参与観察が標準的な社会学的調査として確立されたこと，③探究すべき問題の多面的な像を浮き彫りにするためにそれぞれ異なる調査法を活用したこと。社会調査の方法の系譜でみると，参与観察がこれほど有効に活用されたのは初めてであっただろう。そして各種の調査法を併せて多角的な方法でデータを収集した点が特徴である。

シカゴ社会学は，アメリカにおける社会調査のスタートであった
だけでなく，徹底したフィールドワークによる経験的研究の基礎を
築いた。社会調査にとって現場を見る／調べることの重要性を強調
した言葉が「ズボンの尻を汚せ」であった。多様な調査法を駆使し
たフィールドワークからあきらかにされた貧困や非行，反社会的行
為など社会問題，エスニック・マイノリティなどのさまざまな都市
の状況は，シカゴ学派の都市生態学理論の展開とも結びついてその
後の社会調査の基礎となった。

社会調査者のライフヒストリー

ロバート・E・パーク Robert E. Park　1864-1944

　シカゴ学派の都市社会学を切り開いたロバート・E・パークは，新聞
記者からアメリカやドイツでの遍歴を経て50歳のときにシカゴ大学に
赴任してシカゴ学派の中軸になった。1864年ペンシルバニア州で生まれ，
ミネソタ州で育ち，1887年ミシガン大学でジョン・デューイに学んで
卒業し，新聞記者となった。デトロイト，デンバー，ニューヨーク等の
都市で新聞記者として働いたが，「新聞記者の平均寿命は約8年。その
後もその職にとどまったとしても新聞記者としての価値低下」という思
いと，新聞そのものへの関心が高まり，「ニュースという一種の知識の
性質や機能について考察を深めたい」と考え，1898年，哲学研究のため
に，ハーバード大学大学院へ入った。

　ハーバード大学では，プラグマティズム哲学者ウィリアム・ジェーム
ズ（1842-1910）の語ったことに感銘を受け，学び，「盲目性」つまり他人
の生活の意味にたいして私たちの誰もが盲目になりやすいということを
知る。1898年，修士号を得て，ドイツへ留学し4年間滞在した。1899年
から1900年にかけてベルリンのフリードリッヒ・ヴィルヘルム大学で
ゲオルグ・ジンメル（1858-1918）から社会学を学び，その後，ハイデル
ベルグ大学で哲学者ヴィルヘルム・ヴィンデルバントにも学び，ハイデ
ルベルグ大学で博士論文「Masse und Publikum」によって博士号を

第4章　シカゴ・スタイル

取得する。

　ハーバード大学に戻り，助手になったが，学問の世界に飽き，世間に戻ることを望んだ。そこで，アメリカ南部のヴァージニア州へ行き，ブッカー・ワシントン（1856-1915）のもとで黒人教育事業にたずさわる。黒人の職業教育に従事することで黒人問題への問いが生まれた。「直接体験によって得た知識は，形式的・体系的な研究の代替物ではなく，その基礎だという信念」と述べている。

　1914年，50歳のときにシカゴ大学へ赴任した。1933年までシカゴ大学にいたあいだは，パークの学問がもっとも充実した時期であり，たくさんの研究者が育ったシカゴ学派の黄金期であった。その後，1936年，テネシー州ナッシュビルのフィスク大学へ移り，1944年に逝去した。

　シカゴ学派都市社会学の中核にあったパークによる都市研究の視点は，都市をみつめる重層的視点が特徴であった。彼のライフヒストリーからわかるのは，その重層的視点が新聞記者としての都市観察に加えて，ハーバード大学でW・ジェームズから学んだプラグマティズム，ベルリンでジンメルから学んだ社会学，そしてB・ワシントンの下での黒人教育の実践体験から形成されたということである。（「自伝的ノート」，パーク 1986：3-10）

【参考文献】

アンダーソン，ネルス［1923］1999-2000『ホーボー――ホームレスの人たちの社会学』上・下（広田康生訳）ハーベスト社

ブルーマー，H 1983「社会科学における調査研究批評 I ――トーマス，ズナニエッキ共著「ヨーロッパとアメリカにおけるポーランド農民」の評価」トーマス，ズナニエッキ『生活史の社会学』御茶の水書房，169-241頁

宝月誠・中野正大編 1997『シカゴ社会学の研究――初期モノグラフを読む』恒星社厚生閣

中野正大 1997「社会調査からみた初期シカゴ学派」宝月・中野編上掲書，3-33頁

パーク，ロバート・E 1986『実験室としての都市――パーク社会学論文選』町

村敬志・好井裕明編訳，御茶の水書房

佐藤郁哉 2006『フィールドワーク増訂版 書を持って街へ出よう』新曜社

ショウ，クリフォード・R［1930］1998『ジャック・ローラー──ある非行少
　　年自身の物語』玉井眞理子・池田寛訳，東洋館出版社

トーマス，W・I，ズナニエツキ，F 1983『生活史の社会学──ヨーロッパと
　　アメリカにおけるポーランド農民』桜井厚抄訳，御茶の水書房

ゾーボー，ハーベイ・W 1997『ゴールド・コーストとスラム』吉原直樹・桑
　　原司・奥田憲照・高橋早苗訳，ハーベスト社

『ミドルタウン』と『ピープルズ・チョイス』

アメリカにおける地域コミュニティ調査と統計的調査

 シカゴ学派だけではない

　アメリカにおける社会調査はシカゴ学派に先立って20世紀初頭より本格的にはじまっていた。よく知られているのが，ジャーナリスト出身のポール・ケロッグによって1907年から1908年にかけておこなわれたピッツバーグ・サーベイである。ペンシルバニア州ピッツバーグは，全米最大の製鉄会社USスティールが本社をおく鉄鋼の町として19世紀終わりから急激に工業化が進んだ。ケロッグは，ロンドンの貧困調査をおこなったブースの方法にならって，東欧・南欧から多くの移民が流入して急速に都市化するピッツバーグで，多数の調査者を組織して労働者の生活実態や児童労働の状況を調査し，全6巻からなる『ピッツバーグ調査』(1909-1914)を刊行している。この調査は，アメリカで「整備された社会調査がはじめておこなわれた」(井垣 1968：12-13)例であり，社会調査のモデルとしてもその後に影響を与えた。ケロッグはまた，工業化のもたらす都市の社会問題を解明し，対策を見いだすことを訴えて，雑誌『サーベイ』の編集者というジャーナリストとして，そして第一次世界大戦反対の平和運動や社会改良運動でも活躍する。

　アカデミックな社会調査としては，いまもなお古典的な位置を占める20世紀前半のアメリカの社会調査として，リンド夫妻の『ミドルタウン』(邦訳では『ミドゥルタウン』であるが，本書では『ミドルタウン』と表記)とポール・F・ラザースフェルドの『ピープルズ・チョイス』をとりあげなければいけない。『ミドルタウン』は地域

37

コミュニティ調査,『ピープルズ・チョイス』は統計的調査の初期のすぐれた先例となっている。

 リンド夫妻『ミドルタウン』

リンド夫妻が刊行した二つの『ミドルタウン』は「社会調査の金字塔」といわれ,アメリカにおけるコミュニティ研究の先駆的作品としていまなお高い評価をえている。二つの『ミドルタウン』とは,1929 年刊行の『ミドルタウン』と 1937 年の『変貌期のミドルタウン』の二つの作品をさしている。ロバート・リンドは,調査チームを組んで 1924 年 1 月から 1925 年 6 月までインディアナ州の小都市で 1 年半におよぶ長期滞在型の参与観察をおこない,1929 年に『ミドルタウン——同時代のアメリカ文化研究』として発表した。さらに,その調査から 10 年後の 1935 年 6 月,リンドは,同じ町でふたたび調査をおこない,大恐慌期を経た地域コミュニティの変容を描き出して 1937 年に『変貌期のミドルタウン——文化コンフリクト研究』として刊行している。

『ミドルタウン』の冒頭で,現地調査の目的は,「アメリカの一小都市の生活を織りなしている諸動向を同時的に相互連関するものとして研究することにあった」として,一つの小都市の生活を多面的な観点から調査して観察された現象を記述することにあった。

「ミドルタウン」は仮名であり,実際はインディアナ州マンシーという人口 36,000 人の町が調査地であった。数多くある小都市のなかからこの町がなぜ選ばれたのか。調査対象の町は,可能なかぎりアメリカ生活を代表していること,調査できるほどの小規模で同質的であることが基準で選ばれた。さらに詳細に調査地として望ましい特徴が 7 つあげられている。

①温和な気候,②成長率が高く,現代の社会変動にともなって発生する苦難が十分出現していること,③近代的高速機械生産をとも

なった工業文化，④一工場の町でないこと（「企業城下町」でないこと），⑤固有な地方芸術的生活，⑥顕著な特異性や緊急な地方問題が存在していない，⑦アメリカの共通分母といわれている中西部に存在すること。

　これら7点に加えて，ⓐ人口25,000人から50,000人規模の都市，ⓑ自足性をもった，衛星都市ではない都市，ⓒ人種とエスニシティの同質性が高く，外国生まれの人口の少ないことも考慮の点であるとしている。リンドらは，移民一世や黒人が少なく，アメリカ人として生まれた人が大多数を占める，同質的な小都市を対象として調査することをねらっていた。この程度の人口規模の小都市は1920年代のアメリカ中西部には142もあったという。どこにでもありそうなアメリカの小都市で，その生活環境の変化を調査することで，シカゴのような多くの移民が流入して異質性の高い大都市での調査でえられたシカゴ学派の研究との比較が可能になることも視野に入っていたにちがいない。

　『ミドルタウン』は，10年のあいだをおいて再調査した『変貌期のミドルタウン』と合わせて読むことで，アメリカの消費文化が開花した1920年代と1929年の大恐慌後の不況にあえいだ1930年代のあいだで，一つの小都市での人びとの生活の変容と地域コミュニティの変貌を理解することができる。その点でアメリカ近代の地方都市の変容を伝える歴史書としてもとらえられる。

　社会調査としては，その調査法がとりわけ注目される。福武直は，「参与観察法によりつつ，幾多の方法を使用して調査した業績として画期的な意義をもった」（福武 1984：24）として，参与観察だけではなく複数の調査方法を用いてミドルタウンをとらえようとしたところに意義を見いだしている。

　リンドは，『ミドルタウン』の「補遺　調査法にかんする覚書」（リンド，リンド 1990：249-258）で具体的な調査方法を説明している。

『ミドルタウン』以前の調査成果の作品では，調査法について明示されることがなく，シカゴ学派の作品でも調査方法の説明や意図への説明はほとんどなかった。ミドルタウン調査でとった調査法の説明はその点で画期的といわれている。

　リンドは，ミドルタウン調査でとった調査法としてつぎの5つをあげている。①地域生活への参与，②文献資料の検討，③統計の収集整理，④面接，⑤自計式調査票。

　①地域生活への参与とは，調査スタッフがミドルタウンでアパートや一般家庭の部屋を借りて暮らし，できるだけ町の人びとと同じ生活を営み，友人をつくり，地域の結びつきに加わったという調査法である。調査スタッフは，さまざまな会合に参加したり，インタビューをおこなったりした。まだテープレコーダーが実用化されていない時代の調査であったので，インタビューや会合の最中はできるだけ目立たないようにメモをとり，終わってからただちに標準化されたフォームにしたがってメモを詳細な記録に書き直すという方法で調査記録をとりつづけたという。

　②文献資料の検討や③統計の収集整理では，国勢調査データや州の報告書や年鑑，歴史書，法廷書類や地元新聞，各種団体の議事録，個人の日記にいたるまで収集し，資料として利用している。

　④面接は，たまたま知り合った人との偶然の会話から，町の生活情報に適した人びとに対する計画された面接まで，多様に実施された。とくに調査後半では，労働者階層124家族とビジネス階層40家族に対して調査票をもとにした面接を各家族の妻に対しておこなっている。

　⑤自計式調査票とは，調査者が回答を聞き取って書き込むやり方を「他計式」とよぶのに対し回答者自身が調査票に回答するやりかたを「自計式」といい，その回答の方法をとる調査票調査では自計式調査票という。リンドらは回答者に調査票を配布して調査対象者

自身によって調査票に回答する自計式調査をおこなった。実際，市内にあった 400 以上のクラブや高校の英語のクラスの受講生に対して生活を尋ねる自計式調査を実施している。

リンドらは，ⓐ生活費獲得，ⓑ家庭づくり，ⓒ青少年の訓育，ⓓ余暇利用，ⓔ宗教的慣行への参加，ⓕ地域活動への参加，という 6 つの主要基幹活動を主軸においてミドルタウンを論じている。それぞれの活動は当時のアメリカの小都市に生活する住民のおこなっていたことであったが，ミドルタウンにおける実態を詳細に描いている。この主要基幹活動を考えるときにリンドが注目した「ビジネス階層」と「労働者階層」という就業上の階層分化が地域コミュニティにおける住民の生活内容に色濃く影響をおよぼしていることがあきらかになった。1935 年の調査をもとにあらわされた『変貌期のミドルタウン』では大恐慌に続く不景気のなかでむしろガラス瓶工場の事業を発展させてミドルタウンを支配する一族となった X ファミリーの実態が描かれており，興味深い。この調査成果はのちの地域権力構造論への先駆けとなった。

③ 『ピープルズ・チョイス』

ラザースフェルドらによる『ピープルズ・チョイス』（1948／邦訳1987）は，初期のもっとも有名な統計的調査の研究事例である。『ピープルズ・チョイス』は，ラザースフェルドが，B・ベレルソンとH・ゴーデットともにあらわした 1940 年大統領選挙戦でのオハイオ州エリー郡の住民を対象とした投票意向調査の成果である。ラザースフェルドらがおこなった多くの調査のなかでこの調査は，調査法のうえでも理論的寄与の点においても社会調査の系譜のなかでももっともよく知られる統計的調査例の一つである。

1940 年のアメリカ大統領選挙は，1932 年に選出された現職の民主党フランクリン・ルーズベルトが異例の 3 期目に出馬し，共和党

からはダークホースであったニューヨークの実業家ウィルキーが大統領指名候補となった。ナチスドイツが電撃作戦でヨーロッパを席巻し，フランスを占領するという第二次世界大戦進行の強い影響下で選挙戦が展開された。

ラザースフェルドらは，どの候補者へ投票するかという投票行動がいかに形成されるかという投票意向調査をおこなった。この調査は，大統領選挙キャンペーン期間中の7か月間，エリー郡の人口43,000人から約3000人を抽出して，さらに600人をパネルとして選び，7回にわたって面接調査を実施するという調査である。同一の調査対象に対して面接調査を繰り返す調査方法をパネル調査といい，ラザースフェルドらがこの調査で確立した調査法である。パネルとして特定の対象者に一人ずつ7か月間，7回繰り返した面接調査によって，キャンペーン期間中，プロパガンダや新聞・ラジオ，家族や友人などのうちなにが影響力としていかに作用して1940年11月5日の投票を決めたのかをあきらかにし，投票意向の変化を跡づけ，その理由を把握しようとした。

なぜオハイオ州エリー郡が選ばれたのか。『ピープルズ・チョイス』では，エリー郡が調査員をきめ細かく管理できるほど小さいこと，独特の地方色が比較的少ないこと，郡全体で特定の大きな都市の影響がないこと，20世紀にはいって実施された大統領選挙で全国的な投票傾向と大きな差異がないこと，という4点が選定理由としてあげられている（ラザースフェルドら 1987：53-54）。7か月にわたるパネル調査の実施スタッフは「特別に訓練された12名から15名の現地の人」で，多くは女性であったという（同 1987：54）。

ラザースフェルドらは，投票意向の意見がいかに形成されるのかを考えるのにあたって，選挙直前の10月の6回目の面接調査と11月の選挙直後の7回目の調査の結果を注目した。10月の回答と同じ投票行動をとったものは483名中418名であったが，それ以外の

483名中65名はなんらかの方法で変更が生じている。この13％の人たちの変更を投票行動のターンオーバー（投票移動）ととらえ，投票移動の分析を試みた。

　どのような人びとが変わりやすいのか，どのような影響のもとでこの変更がおこるのか，どのような方向へ変わるのか。投票移動のさまざまな要因を検討してわかったのが意見変更を生むもっとも重要な影響が対面的接触であることであった（同1987：25）。

　1940年の選挙期間においてあきらかになったことは，地域社会での有権者に身近な関係や出来事は，遠く隔たった世界の情勢よりも投票意向に影響を与えるということであり，マスメディアよりも個人と個人との相互作用の影響のほうが大きいということである。この点は，のちに，「パーソナル・インフルエンス」としてラザースフェルドがE・カッツとともに『パーソナル・インフルエンス』（1955）において論じている。パーソナル・インフルエンスの議論は，エリー郡での調査からえられた「オピニオンリーダー」と「コミュニケーションの二段階の流れ」という二つの概念をもとにして展開されたものである。

　オピニオンリーダーとは，エリー郡での投票意向調査においてはつぎの二つの質問のどちらかあるいは両方に「はい」と答えた人を「オピニオンリーダー」と呼び，オピニオンリーダーがはたしている役割に注目することから検討がはじまっている。

　「最近，あなたはご自分の政治的見解をどなたかに納得させようとしたことがありますか」

　「最近，どなたかに政治問題について助言を求められたことがありますか」

　オピニオンリーダーは，選挙に関心が高く，能動的に参加する人びとであるが，地域の名士でも大金持ちでもなく，あらゆる職業集団にみいだされるという点が重要な発見であった。オピニオンリー

ダーは，周囲にいる人たちの政治的意見を方向づけていく傾向があり，政治的出来事を周囲の人たちに解説することで，率先して政治的出来事にたいする反応に影響を及ぼしていく。オピニオンリーダーが表明する見解は，人間関係を介して浸透し，政治問題にたいする他の人びとの態度や意思決定に影響をあたえている。

さらに1940年の調査の結果，「コミュニケーションの二段階の流れ」というコミュニケーション理論の概念が示唆されている。コミュニケーションの二段階の流れとは，マスメディアから情報が，直接，個々の受け手に流れるのではなく，オピニオンリーダーを介して伝達されることを指している。オピニオンリーダーは新聞を読んだりラジオを聴いたりして得た情報を，彼らほど能動的ではない周囲の人たちに伝えている。マスメディアの情報が受け手に二つの段階を経て届いていることを意味している。

『ピープルズ・チョイス』は社会調査の成果を社会学的な理論展開へ結びつけた研究例でもあった。

社会調査者のライフヒストリー

ロバート・リンド Robert. S. Lynd　1892-1970

ロバート・リンドはインディアナ州ニュー・オーバニーで銀行業を営む家庭に生まれた。プリンストン大学へ進み，英文学を専攻し学士号を得た後，出版界で6年間働く。第一次世界大戦中，兵役についた間に病気で入院生活を送った際，精神的価値の重要性にめざめ，1920年，ニューヨークのユニオン神学校へ進む。夏季休暇の山歩きの途中，ウェズリー大学を卒業したばかりのヘレン（1896-1982）と偶然，出会い，1921年，二人は結婚している。1923年に神学校卒業後，社会宗教調査研究所での小都市研究のプロジェクトの指導者を委任され，ミドルタウン研究に取り組むきっかけとなった。インディアナ州マンシーを調査対象に選び，1924年1月，リンド夫妻らはマンシーでの本格的な調査に入る。1925

第 5 章 『ミドルタウン』と『ピープルズ・チョイス』

年 6 月まで現地に暮らす参与観察の形でおこなわれた調査手法と観点は
イギリスの文化人類学者ウィスラーとリヴァーズの影響を受けたといわ
れる。マンシーでは友好的に受け入れられたことをヘレンが回想してい
る。

　リンド夫妻がマンシーに入って 5 年後の 1929 年『ミドルタウン』が
出版されると，本はベストセラーになり，32000 部が売れたという。ア
メリカの典型的な諸特徴を併せ持つ小都市の二つの階層集団に焦点をあ
てたのが特徴で，機械化による労働形態の変化，映画・新聞・ラジオと
いったメディアの普及，車社会の到来といった当時のアメリカ社会の激
変を緻密に描き出した作品として高く評価された。リンドはこの研究を
もとに博士号を取得し，1931 年にコロンビア大学教授になり，ヘレン・
リンドも本書で名声を博し，サラ・ローレンス大学で長く教壇に立った。

　その後，リンドは大恐慌後の 1935 年にマンシーで再調査をおこなった。
この調査はわずか 2 週間の滞在で，5 人のリサーチアシスタントをとも
なったもののヘレンは同行しなかった。アメリカ社会の変動期に同じ町
を 10 年おいて再調査するという研究の視点は高く評価され，二つの
『ミドルタウン』研究は地域社会学研究に大きな影響を与えたほか，社
会調査史にとっても，はじめて調査手続きを体系的に示したという点で
時代を超えた価値がある。　　　　　　　　　　　　　　　　[河村裕樹]

ポール・F・ラザースフェルド Paul F. Lazarsfeld　1901-1976

　ラザースフェルドは，オーストリア・ウィーンのユダヤ系出身で，
1925 年ウィーン大学で応用数学の博士号をとり，ウィーン大学に新設
されたばかりの心理学科に赴任した心理学者シャルロッテ・ビューラー
とカール・ビューラーのもとで心理学の助手となり，社会心理学的な研
究をおこなっていた。1933 年，ロックフェラー財団の研究費を得て 2 年
間の予定でアメリカへわたったが，オーストリアの政治情勢の悪化によ
り，アメリカにとどまることにした。ラザースフェルドにとってコロン
ビア大学のロバート・リンドは大きな存在であった。リンドの援助を受
けて職探しをし，また社会学との出会いもリンドをとおしてであったと

45

のちに『メモワール』(1969／邦訳 1973「社会調査史におけるひとつのエピ
ソード：メモワール」)で書いている。1937 年にはプリンストン大学ラジ
オ調査室を設立し，1940 年にコロンビア大学へ移って以降，マスコミュ
ニケーション研究と社会調査において社会学者として大きな仕事をなし，
1963 年にはアメリカ社会学会長になっている。ラザースフェルドのア
メリカでの活躍は，1930 年代から 40 年代にかけてヨーロッパから亡命
した多くのユダヤ系社会科学者がアメリカの社会科学の発展に大きな影
響をあたえた一つのケースとしても注目される。

【参考文献】

福武直 1984『社会調査 補訂版』岩波書店

後藤隆 1994「ロバート・リンドのミドルタウン調査」石川淳志・橋本和孝・
　　浜谷正晴編『社会調査——歴史と視点』ミネルヴァ書房，70-95 頁

井垣章二 1968『社会調査入門』ミネルヴァ書房

カッツ，E，ラザースフェルド，P・F，[1955] 1965『パーソナル・インフルエン
　　ス——オピニオン・リーダーと人びとの意思決定』竹内郁郎訳，培風館

甲田和衞・直井優 1985『社会調査』放送大学教育振興会

ラザースフェルド，ポール・F，[1969] 1973「社会調査史におけるひとつの
　　エピソード：メモワール」今防人訳『亡命の現代史 4 知識人の大移動
　　社会科学者 心理学者』みすず書房，181-287 頁

ラザースフェルド，ポール・F，ベレルソン，バーナード，ゴーデット，ヘー
　　ゼル，[1948] 1987『ピープルズ・チョイス——アメリカ人と大統領選挙』
　　有吉広介監訳，芦書房

リンド，R・S，リンド，H・M，[1929] 1990『ミドゥルタウン』中村八朗訳，
　　青木書店

園部雅久 2008『ロバート・リンド——アメリカ文化の内省的批判者』東信堂

明治期の社会へのまなざし

日本における社会調査の萌芽

 行政調査のはじまりと日本近代統計の祖・杉亨二(すぎこうじ)

　日本における近代社会調査の歴史を研究した川合隆男は、明治時代の萌芽期（1868-1914）、大正から昭和初めの展開期（1915-1931）、昭和20年までの軍国主義時代の崩壊期（1932-1945）という3つの時期に区分して戦前期の社会調査の発展をとらえている（川合編1989, 1991, 1995）。近代日本において社会調査はどのような形ではじまったのか。3つの区分のなかでも、社会調査の萌芽期とそれに続く社会調査の展開期に注目してみたい。社会調査の黎明な時代に、社会へいかなるまなざしが注がれ、どのような調査がおこなわれたのか、現代に連なる社会調査の基礎がいかに築かれたのかをあとづけてみよう。

　明治政府は、近代国家としての体制を整えていくために、1870（明治3）年「府県物産表」の作成、1872（明治5）年戸口(ここう)調査（本籍人口調査）による『日本全国戸籍表』の作成、1873（明治6）年公布の地租改正条件として「全国土地調査」実施等、立て続けにさまざまな調査に取り組んでいった。たとえば『明治前期産業発達史資料』（明治文献資料刊行会 1959）によれば、明治初期の『日本府県民費表』や『農事調査表』、1882（明治15）年より『統計年鑑』、1886（明治19）年より『農商務統計表』の刊行など、明治初期より近代国家統治体制の確立をめざして国民や産業の実態を把握するための各種の調査が行政によって手がけられていた。明治期後半には「人口動態統計」「工業統計」、農商務省による『職工事情』（1903）など省

庁による各種の調査統計書が発表されていた。

　明治政府による草創期の行政調査を進めた官僚の一人が「日本近代統計の祖」といわれる杉亨二（1828-1917）である（総務省統計局HP http://www.stat.go.jp/library/shiryo/sugi.htm 参照）。

　杉は，幕末，江戸幕府の蕃書調所（のちの開成調所）で蘭書翻訳に取り組むなかで統計書に触れ統計学を学んだ。1871 年，太政官正院政表課（現在の総務省統計局・統計センターの前身）の大主記に任じられ，明治政府による初期の行政調査を官僚として主導した日本で最初の統計学者であった。

　とくに 1879（明治 12）年，近代的センサスのさきがけとなる「甲斐国現在人別調」を山梨県で実施したことが注目される。この調査はのちの国勢調査の試験的調査とされるが，調査項目を検討し，「家別表」という世帯単位の調査票を作成して調査に臨んでいる。この「家別表」には，世帯ごとに住居，世帯構成員ごとの性別・年齢・出生地・宗教・職業・身体障害について記す欄が設けられている。調査項目を掲げた調査票の作成，そして 1879（明治 12）年 12月 31 日午後 12 時という調査実施時間を設定したことは，のちの国勢調査の試験的調査とされる所以であった。調査項目としてあげられた職業は 17 項目の職業分類に振り分けられた。この点でも歴史的な産業分化の流れを反映した体系的職業分類として最初の調査とみなされている（西澤 2013）。

　杉は，日本最初の総合統計書で，現在の『日本統計年鑑』の前身である「日本政表」の編成にもあたった。1872（明治 5）年「辛未政表」がもっとも古く，ついで 1874（明治 7）年「壬申政表」，さらに 1875（明治 8）年分以降，「日本政表」として刊行されている。杉はまた，統計学の専門家養成にも力を入れ，統計学の研究と教育を目的とした二つの民間の統計団体を設立している［表記学社（1876年設立），製表社（1878 年設立，1879 年東京統計協会と改称）いずれも現

第 6 章 明治期の社会へのまなざし

在の日本統計協会の前身]。

 労働者の誕生と都市下層——横山源之助『日本の下層社会』1899

社会学者からみると，社会調査の萌芽は近代国家の幕開けから約30年を経て，産業化の進展とともにみられるようになった。本邦初めて『社会調査』(1933) を冠した書物をあらわした戸田貞三によれば，日本で近代的な社会調査がおこなわれはじめたのは明治30年頃以後である。1899（明治32）年に刊行された横山源之助の『日本の下層社会』が最初であろうと戸田は指摘している（戸田 1933：39-40）。

明治30年代とは，日清・日露戦間期にあって近代国家体制の急速な形成と近代資本主義成立が促された時代であった。労働者階級の誕生と労働運動の始まりの時期であり，都市に流入した「細民」と呼ばれた貧しい人びとは，劣悪な生活状態にあった。「民間人による最初の，もっとも体系的な労働者，貧民に関する調査」（川合 1989：161）の成果，それが横山による『日本の下層社会』であった。

『日本の下層社会』は5つの章からなり，東京の貧困層，職人社会，手工業労働者，機械工場労働者，小作人たちの事情という5つの世界をとりあげている。最初の章は，第一編「東京貧民の状態」として，東京の貧困層の実態が描かれている。

「東京の最下層とはいずこぞ，曰く，四谷鮫ケ橋，曰く下谷万年町，曰く芝新網，東京の三大貧窟すなわちこれなり。」（横山 1949：27）

東京の三大貧窟として三か所があげられている。今日，ビルの立ち並ぶ東京都心のそれらの場所にはかつての「貧窟」のおもかげはない。しかし明治30年代の東京で横山はこれらの場所をつぎのように描いている。

49

「僅かに外観を見れば，荒物屋・質屋・古道具屋・米屋・焼芋屋・紙屑屋・残飯屋・桝酒屋・古下駄屋・青物屋・損料貸・土方請負・水油出売・煮豆屋・ムキミ屋・納豆売・豆腐屋・酒小売・塩物屋・煮染屋・醬油屋・乾物屋を見るに過ぎずといえども，ひとたび足を路地に入れば，見る限り襤褸を以て満ち余輩の心目を傷ましめ，かの馬車を駆りて傲然たる者，美飾靚装して他に誇る者と相比し，人間の階級かくまで相違するものあるかを嘆ぜしむ。ついてその稼業を見れば人足・日雇取最も多く，次いで車夫・車力・土方，続いて屑拾い・人相見・らおのすげかえ（刻みたばこを吸う煙管の竹部分を新しいものに交換する仕事）・下駄の歯入・水撒き・蛙取・井掘・便所探し・棒ふりとり・溝小便所掃除・古下駄買・按摩・大道講釈・かっぽれ（俗謡にあわせて踊る滑稽な踊り）・ちょぼくれ（門付芸の一つ）・かどつけ・盲乞食・盲人の手引等，世界あらゆる稼業は鮫ケ橋・万年町・新網に集まれり。」（横山 1949：27-28）

　「貧窟稼業」としてあげられているおもな仕事は，日稼人足，人力車夫，くずひろい，芸人社会である。日稼人足は道路の補修土木工事，物品運搬などいくつかの種類に分けられ，一日の賃金も異なっていた。もっとも劣等なのが車力人足に付属する「立ちん坊」で，人力車の後ろを押す仕事であった。くずひろいでは，紙屑，ぼろ屑，硝子や陶器屑などあらゆる廃物がくずひろいの対象となった，横山は「貧民中もっとも収入少なきものはそれ屑拾いか」と指摘している。このような都市雑業といわれる雑多な仕事でわずかに糊口をしのぐ人たちの生活実態を，「九尺二間の陋屋，広さは六畳，大抵四畳の一小廓に，夫婦・子供同居者を加えて５，６人の人数住めり」（横山 1949：57，一尺＝約 30 cm），そこにさらに二，三の家庭が含まれ，寄留者も多いという「貧民の家庭」の様子を描き，「一日の生計費用」「内職」「飲食」「家賃」「教育」などからつぶさに描いている。

第6章　明治期の社会へのまなざし

　明治の東京は，人口の急膨張した時代であった。東京市の人口は，1873（明治6）年約60万から，1887（明治20）年に約123万人へ倍増し，1907（明治40）年には約214万人となり，急速に拡大を続けていた。とりわけ，浅草や本所，神田，下谷，深川などの下町に人口が集中した。

　明治政府の富国強兵のための産業政策は，労働問題と下層社会の出現をうながした。職人層，手工業者，職工層を問わず労働慣行が大きく変化し，長時間労働，劣悪な作業環境・労働条件，低賃金，疾病などが下層社会に強いられた。労働者は自衛の組織ももたず，法的な保護もないまま多くの社会問題，産業労働問題，生活問題が深刻化し，階層分化が進み，横山の描いた「下層社会」が一つの社会層として出現しつつあった。

　貧困問題や労働問題など社会問題への関心は，さまざまな探訪やルポルタージュ，記録文学等として表現され，それらの記事は新聞雑誌に載っていた。たとえば1886（明治19）年「東京府下貧民の真況」（朝野新聞），1893（明治26）年松原岩五郎『最暗黒之東京』，樋口一葉（1872-1896）の『にごりえ』（1895）や『たけくらべ』（1896）もまた都市下層の世界を描き出している。横山は，松原岩五郎，樋口一葉らと出会っており，彼らから直接的な刺激を受けて「下層社会」調査へ乗り出して行った。

③　燐寸工場と貧困層の労働

　現代の日常生活で燐寸（マッチ）を使うことはあまりない。しかしかつて薪や炭で煮炊きをしたり，着火装置のないガスコンロを使用した時代には燐寸は火をつける道具として欠かせない日用品であった。燐寸の生産は，明治初め，フランスに学び国産製造が提案され，北海道の木材による軸木と安価に入手できる硫黄をもとに急速に生産が進み，明治20年代後半には製品の7割以上が輸出される一大産業と

なっていた。

『日本の下層社会』「第3編手工業の現状」では，「阪神地方の燐寸工場」調査を紹介している。なぜ燐寸事業に着目するのか。労働者研究の観点から鉄工場では一般労働者，紡績工場では女子労働や労働時間，労働と衛生の関係，燐寸工場では児童労働の現状について材料が得られるだろうと横山は予想している。1895（明治28）年の生産高では兵庫が抜きんで多く，次いで大阪が二番目となっており，さらにいくつかの表から兵庫と大阪で生産される燐寸がほぼ輸出品であることも説かれている。横山は1897（明治30）年8月，神戸と大阪の燐寸工場の調査を実施した。

神戸と大阪の現地調査で見えてきたのは，燐寸工業と貧民の関係である。まず「第十三次農商務統計表」にもとづく表を掲げている。

表6-1　阪神地方における燐寸工場の職工数

府県名	職工		内職とする者
	男	女	
大阪	2,703	4,836	4,314
兵庫	1,765	4,228	24,000

（単位：人）

出典：横山 1949：160

当時，燐寸製造工程は工場での機械化と手作業による工程の組み合わせでおこなわれていた。神戸の燐寸工場調査では，工程のなかでも軸並と箱詰作業において職工の半数以上が10歳から14,5歳の児童であり，とくに単純作業の軸並では7割から8割が10歳未満であるという児童労働の実態が見いだされている。また箱のラベル貼は貧民家庭の内職としてかれらの貴重な収入源となっている。燐寸工場における労働の実態は，貧困層の児童労働と未就学の問題である。零細な内職も貧困層の生計には不可欠であり，むしろ工場

第 6 章　明治期の社会へのまなざし

の機械化が貧困層の労働者へ与える打撃が懸念されている。

　横山が『日本の下層社会』でとった調査方法には二つの特徴がある。一つは，実際に現地，現場へ行き，観察し，記録し，記述したことである。『日本の下層社会』の 5 つの章は，1896 年 3 月から1898 年 12 月にかけて 3 年近く各地でおこなわれた現地調査にもとづいている。1896 年は桐生足利の織物工場，富山県の小作人，1897 年には阪神地方の燐寸工場，大阪泉州の綿糸紡績工場，1898 年は東京の貧困地域，東京府の職人社会，東京の鉄工場と，横山は現地調査を重ねていった。現地での調査，つまりフィールドワークのなかで参与観察，聞き取り，資料収集という方法をとっている。

　現地調査をおこなう調査者・横山の様子は記述のなかにあらわれている。たとえば東京から宇都宮へ汽車で向かう車中の様子を記したフィールドノート（明治 29 年 3 月 15 日：102-105 頁）を挟んだり，富山県魚津出身の横山が郷里で小作事情の調査をおこなった際，「田舎の風尚」と題して現地で横山自身が感じとった明治中期の富山の変貌ぶりを記したりしている（横山 1949：280-283）。「機械工場の労働者」の章では，大阪・堺市の織物工場に付設される学校の紹介に続いて，横山のために書いてもらったという工場で働く 3 人の児童の習字を載せており，調査地での横山の様子が浮かびあがる箇所である（横山 1949：223-224）。

　横山の調査方法のもう一つの特徴は，既存資料や統計書を活用したことである。『日本の下層社会』は全編をとおして人口や生産高など，おどろくほど数多くの数値や表が示されている。

　たとえば，「第 2 編　職人社会」では明治期になって工業化が進むなかでの旧来の職人社会の状況を説いている。東京の統計書で千戸以上ある小工業は，大工・左官・桶・木挽・機織の 5 つである。これらの職人の現況は，さらに「全国諸傭平均賃金累年比較」という表によって，明治 20 年代の 5 年分にわたって全国の 31 種の職人

53

別賃金を比較し，賃金の上での現況が表であらわされている。この表は農商務省「第十三次農商務統計書」から作成したと記されている。この統計書は1886（明治19）年から約30年にわたって毎年刊行された農商務省による全国工業生産や産業の現況を集計した農商務統計表のことである。第十三次農商務統計表は明治31年に刊行されている。

このように明治初期より行政調査によって刊行された各種の統計資料をもとに編成しなおして多彩に引用し，貧民や労働者，職人たちの現況をとらえる基礎的データとしている。この点こそ，明治期の都市下層を描いた多くの他のルポルタージュ作品とは一線を画して，とくに戸田貞三によって社会調査の書としてみなされた点であっただろう。

 横山の社会観察

社会調査の萌芽期を代表する作品として『日本の下層社会』は，社会問題への強い関心と現地で迫ろうとする真摯な態度もまたその特徴であった。当時，いまだ社会科学的な調査法への認識は育まれておらず，また社会調査の方法的な議論もなされていない。しかし，各調査地における調査内容は，労働者や職人の現況を理解するために，①産業変化や発展過程や労働類型，②賃金や労働時間という労働条件，③雇用者との関係，④生計，住居，飲食等の生活状況，⑤教育，⑥習慣や風俗，おおよそこれらの点にまとめられている。調査に際して労働生活環境がとらえられるような項目がたてられており，調査者として事前の調査計画のもとに実施された調査とみることができる。

近代日本社会の変化，近代資本主義社会における労働者階級の形成の動きを把握するために，事実についての「観察」の重要性を指摘し，横山は自らそれを実践した。徹底して現地での資料収集とい

第6章　明治期の社会へのまなざし

う社会観察の姿勢と方法をとったことが大きな特徴である。横山は鋭い観察力と深い洞察力，そして対象に対する執着・共感・愛情をもった調査者であった。横山のフィールドワークは，欧米の社会学の方法論や調査法の紹介の影響ではなく，江戸時代から明治期に至るまで伝承され続けてきた地方巡行，諸国巡遊，巡見，巡回，視察，紀行，探遊，遊覧，旅人，記録文学の方法の継承としてみることができるという点も興味深い（川合 1989：185-187）。横山は，近代的調査方法の紹介導入の過程で次第に軽視されていくことになった日本固有の現地調査法の実践者であり，社会調査の成果と評価される作品へつなぐことのできる調査力を発揮した明治期の先駆的な社会調査者であった。

　社会調査の系譜のなかでは，『日本の下層社会』は，19世紀後半の「社会問題の発見」とその解決のための事実の把握という試みの出発点に位置している。19世紀の終わりから20世紀初頭にかけて「貧困」「都市」「労働」の領域で社会調査への要求が高まり，社会問題の現場でおこなわれた現地の探訪や実態の把握が社会調査の誕生につながったというまさにその社会調査の先陣を切った代表的作品としてみなされている。

┌─────────────────────────────┐
│　　　社会調査者のライフヒストリー　　　│
└─────────────────────────────┘

横山　源之助 1871-1915

　社会調査の先達，横山源之助はどのような人であったのか。1871年富山県魚津に生まれ，16歳で政治家を志して上京し，東京法学院（現在の中央大学）に入学，1891年卒業している。弁護士試験を受けるものの失敗し，富山の実家も没落して放浪生活に入った。放浪のなかで「下層社会」や「労働社会」の実態や救済に関心を寄せていったという。24歳で

新聞社に入り，1896 年から 98 年にかけて，桐生足利の織物工場，富山県魚津の小作人事情，阪神地域の燐寸工場や織物工場，東京の職人や貧民の実情を現地へ取材に行き，記事にして送りつづけた。労働運動の高まりで労働組合期成会に接し，片山潜主筆の『労働世界』にも執筆している。労働事情の実地調査と労働運動への強い関心のもとに刊行されたのが，1899（明治 32）年『日本の下層社会』であった。翌，1900 年には工場法の立案の基礎資料として農商務省が作成した『職工事情』の工場調査に工場調査委員嘱託として従事している。その後の横山は，下層社会への関心は持ち続けながらも，海外への移民問題に関心を向け，1912年にはブラジルへ渡り，移民事情を視察して，『南米ブラジル案内』を刊行している。1915 年に 45 歳で結核により死去した。社会調査の先達・横山源之助は，フリージャーナリストとして明治の社会をまなざしつづけた。

【参考文献】

川合隆男編 1989『近代日本社会調査史（Ⅰ）』慶應通信

川合隆男 1989「横山源之助の『日本の下層社会』と『南米ブラジル案内』」川合隆男編『近代日本社会調査史（Ⅰ）』慶應通信，159-190 頁

川合隆男編 1991『近代日本社会調査史（Ⅱ）』慶應通信

川合隆男 1994a「横山源之助と社会観察」石川淳志・橋本和孝・浜谷正晴編『社会調査——歴史と視点』ミネルヴァ書房，96-123 頁

川合隆男編 1994b『近代日本社会調査史（Ⅲ）』慶應通信

中川清編 1994『明治東京下層生活誌』岩波書店

西澤弘 2013「職業分類（特集テーマ別にみた労働統計）」『日本労働研究雑誌』No. 633，42-45 頁

戸田貞三 1933『社会調査』時潮社

横山源之助 1949『日本の下層社会』岩波書店（復刻版）

調査時代の到来

大正期の社会へのまなざし

 社会調査の展開期

　大正期にはいり，1910年代半ば，第一次世界大戦前後の日本は，重化学工業が発展し，資本の集積・集中が進むことで資本主義の独占化が進展し，都市へ人口が集中する時代となっていた。「無産階級」とよばれた工場労働者層が増大する。劣悪な労働環境や低賃金，長時間労働などの労働問題が顕在化し，労働運動が激化する。人びとの貧富の格差が顕著になり，生活問題，都市問題，保健衛生問題，治安問題のような社会問題が浮上した。これらの社会問題に対処するために現状を把握することが急務となった。このような社会状況のなかでさまざまな調査がおこなわれる社会調査の展開期をむかえていた。

　社会調査の展開期の特徴として川合隆男が指摘するのは，一つは社会調査の方法論がでてきたことである。欧米の社会調査の動向が敏感に受容されるようになり，現状を把握するための調査アプローチが検討されるようになった。いま一つは，組織的な社会調査が始まったことである。政府官庁や地方自治体などの行政や研究者，さらにあらたに設立された民間社会調査機関など，各種の調査主体によって多くの社会調査が実施された。

　当時，官庁等による統計調査が相次いだので，人びとは調査に対して懐疑的になっていたといわれている。「統計の効用についてよくわからなかった当時の人たちは，自分たちを調査対象とする統計調査を猜疑の目で見守った」（竹村民郎 1980『大正文化』128頁，川合

編 1991a：iv）。1920年前後にはあふれるような調査の実施を茶化すような「調査節」が流行したという（添田知道 1963『演歌の明治大正史』，216-218頁）。

> 「調査，調査がメッポーカイに流行る，
> あれも調査よ，調査，調査，
> これも調査でノラクラ日を送る，
> おめでたいじゃないか　ネー，あなた，調査，調査
>
> 外交調査会，細民調査
> 小売商暴利も　調査，調査
> 財政経済ノラクラ日を送る
> おめでたいじゃないか　ネー，あなた，調査，調査」（『調査節』）

　調査の時代を迎えた大正期の代表的社会調査は1920年に実施された第1回国勢調査である（川合 1991c：105-141）。国勢調査（census）とは，政府が人口静態統計を得るために一定時点に全国いっせいに実施する人口調査である。国家にとって国勢の把握は必須の要件であり，近代国家樹立をめざす明治政府にとって国勢調査の実施は懸案の課題であった。1879年に国勢調査の先駆けとなる「甲斐国現在人別調」を実施した杉亨二をはじめ大隈重信や高野岩三郎らは国勢調査の実現に尽力した。その背景には産業化の進展とともに人口の流動性がしだいに高まるなか，戸籍表などから算出された人口は実際の人口と大きな差異が生じていることが認識されていた。欧米では国際統計協会が設立されており，1900年を期して万国同時に人口センサスを実施する計画があり，日本も文明的な国家事業としての国際的な統計事業への参加をめざしていた。明治30年代に初めての国勢調査の実施に向けて準備を進め，1902（明治35）年に「国

勢調査ニ関スル法律」公布した。しかし，日露戦争で延期となり，「1905年第1回国勢調査」は幻となっていた。

 第1回国勢調査の実施

　国勢調査は社会調査法でいう全数調査であり，悉皆調査ともいわれる。第1回国勢調査であきらかになった日本の人口は5596万3053人であった（表7-1参照）。全人口約5596万人を対象とする前例のない大規模な調査の実施は一大国家事業であった。政府は1918年に国勢調査実施機関として臨時国勢調査局を設置し，国勢調査の実施を周知するためのキャンペーン活動を大々的におこなった。記念切手の発行やポスターの作成のほか，たとえば東京市では，国勢調査という文字を道路に書いて宣伝したり，浪曲師が宣伝節を唄ったり，大騒ぎだったと伝えられている（竹村 前掲書：127）。

　第1回国勢調査の調査項目は，①氏名，②世帯における地位（世帯主との続柄），③性別，④出生の年月日（年齢），⑤配偶の関係（夫妻の有無），⑥職業および職業上の地位，⑦出生地，⑧民籍別または国籍別（朝鮮，台湾，樺太，アイヌ人は其の別，外国人は国名），という8つであった。世帯を基本とする国勢調査は第1回より現在にいたるまで踏襲されている。

　第1回国勢調査は「国勢調査申告書」という調査票をもちいた調査であった。調査方法は，原則として現地主義，自計式調査，国勢調査員による配布と回収をおこなう調査員調査，挙国一致を旨として実施された（川合1991c：125）。国勢調査の実施にあたって調査員が任命された。現代の国勢調査でも毎調査ごとに国勢調査員が選考され任じられている。第1回調査では，府県別などおおむね地域割にした調査区を設け，一つの調査区を一人の調査員が担当することとして全国で約24万人が動員されている。国勢調査員は地域の実情にくわしい小学校教員や地主，地方議員や篤志家等々が名誉職と

して任命された。

　国勢調査員は，9月21日から受け持ち区内の世帯の氏名などあらかじめ準備調査をおこない，遅くとも9月30日までに各世帯に「国勢調査申告書」と記された調査票を配布した。世帯主あるいは世帯の管理者は10月1日午前0時に世帯に在る人について各欄にもれなく記入し，国勢調査員の来るのを待って申告し提出するという実施方法であった（川合 1991c）。

　臨時国勢調査局は，回収された調査票などの書類の到着とともに集計作業にはいった。コンピュータ出現以前で，大量の数量的データの処理は困難な時代であったが，はやくも1920年末には『国勢調査速報』が臨時国勢調査局長から内閣総理大臣に提出されている。集計にはパンチカードという厚紙に穴を開け，計測するアナログ式情報処理の方法が導入された。だが，1923年に発生した関東大震災によってパンチカードが破壊され，結局，人の手によって集計をおこなうしかなかった。漸次，府県別や全国の世帯別など報告書が公表されていったが，最終報告を終えたのが1933年で，13年もかかっている（戸田 1933：122-123）。

③　国勢調査の意義

　1920年の第1回ののち，国勢調査は5年ごとの10月1日に実施されており，2015年に第20回となっている。西暦の1桁が5の年は簡易調査として基本的な調査項目に限定し，0の年は基本項目に加えて，その年によってたとえば，通勤通学時間や住宅の床面積など，追加の調査項目を加えている。現代の国際調査は，1947年に制定された統計法にもとづいて総務省統計局が機関となって実施されているが，いまも約650億円（平成22年第19回国勢調査予算額）を費やす一大国家事業である。

　国勢調査の結果は公表されており，インターネット上でもアクセ

スできる（総務省統計局）。たとえば，1920年に実施された第1回国勢調査と2010年の第19回国勢調査の結果を比較すると，90年間の日本の統計上の変化が如実に示されて興味深い（表7-1参照）。90年間に，日本の人口は約2.3倍，世帯数は約4.6倍，1世帯当たり人員は約2分の1となった。産業別人口の割合は，第1次産業が54.9％から4.2％へ，第3次産業が24.2％から70.6％へ変化し，産業構造が大転換を遂げてきたことがわかる。

表7-1　第1回国勢調査と第19回国勢調査の結果比較

		第1回 1920年	第19回 2010年
人口		55,963,053人	128,057,352人
世帯数		11,122,120世帯	50,840,007世帯
人口割合	15歳未満	36.5％	13.2％
	15〜64歳	58.3％	63.8％
	65歳以上	5.3％	23.0％
一世帯あたり人員		4.89人	2.45人
平均寿命	男	42.06歳	79.55歳
	女	43.20歳	86.30歳
産業別就業人口	第1次産業	54.9％	4.2％
	第2次産業	20.9％	25.2％
	第3次産業	24.2％	70.6％

出典：「統計でみるあの時といま No.3 ——第1回国勢調査時（大正9年）といま」平成26年10月1日総務省統計局，をもとに筆者作成

　現代の国勢調査の結果は多方面で社会的な数値算定の基礎データとなっている。国勢調査による人口は，「法定人口」として地方自治法，地方交付税，地方税法，選挙区の改定，議員定数の設定など各種法令で「人口」を要件として定めているものの基準となっている。年齢階級別人口や将来推計人口などをもとに少子高齢化対策，

人口密度や人口分布などをもとに防災対策や国土利用計画や環境整備など行政上の施策，世帯や産業別雇用者数などをもとにGDP（国内総生産）を計算する国民計画経済の算出の基礎，地方行政における医療・福祉，地域産業振興や雇用対策，住宅や交通整備事業などへの基礎資料となっている。たとえば「人口○○人あたりの△△率（数）」（例・人口10万人あたりの医師の数）のような算出の基礎データである。生命表は生命保険事業のために必要不可欠として明治期より国勢調査実現への建議が提出され，保険業界などの企業的要請が示されていたが，現在も国勢調査による年齢別人口をもちいて平均寿命等を計算して生命表を算出している。国勢調査によるデータは他の統計へフレームも提供している。総務省による労働力調査や家計調査，内閣府による消費動向調査等，各府省の統計調査の調査区フレームになっており，標本調査にとって標本設計の指標にもなっている。

　現代の国勢調査が社会にはたしている役割を考えると，1920年に第1回国勢調査が実現できたことの意義は大きい。とりわけ川合が指摘する「近代社会の人格の平等観」の生成と，学問における正確な事実発見のための調査としての意義に注目したい。国勢調査は，国家的な人口統計調査であるが，「全国一斉に一人一人について実地の調査」を通じて国家権力によって「国民」「国力」として掌握する事業である。同時に，ひとりひとりの人間について実地での把握という試みは，調査における対象者として人間をとらえており，どの対象者も人間として平等に近代社会，近代国家を構成しているという認識，「近代社会の人格の平等観」の生成への契機となった。さらに第1回国勢調査の集計には長い時間が費やされたが，その過程で学術研究への国勢調査の結果の利用が進む。たとえば日本の先駆的な家族社会学者であった戸田貞三があらわした『家族構成』（1937）は第1回国勢調査の調査結果による全国1112万世帯のうち

千分の一抽出をした写しを利用して統計的分析を試みた成果であった（第12章で詳述）。国勢調査の実施は，社会調査による社会的事実の発見への学術的関心を喚起した。

　さまざまな調査機関の設立

　大正期になり，調査の時代が到来して，国勢調査をはじめ各種の調査が実施されるようになる。調査を実施する機関も政府や行政などの公的機関だけでなく調査を専門とする民間の調査機関も設立されるようになった。

　1919年12月，東京市社会局が誕生し，多方面で社会的施設を設置し社会事業をおこなった。たとえば養育院，施療病院，職業紹介所，衛生試験所，消毒所などを設け，社会事業関連政策を管掌した。あわせて，都市問題に関する調査を数多く実施している。この背景には，第一次世界大戦期，物価が高騰し，社会状況が大きく変化し，いろいろな社会問題が噴出していた社会状況があった。佐藤健二は，東京市社会局がおこなった都市社会問題の調査を詳細に検討し，調査報告書をとおして都市下層がいかに可視化されていったのかをあきらかにしている（佐藤 2011：85-116）。東京市社会局の調査は，細民調査，内職調査，青物市場調査，浮浪者調査，町内会調査，女工調査，水上生活者調査など，多岐にわたり，都市問題の深刻化がみてとれる。

　社会調査を専門におこなう民間の調査機関が日本で初めて設立されたのもこの時期である。1919年，大原社会問題研究所が倉敷紡績社長・大原孫三郎（1880-1943）により大阪に設立された。初代所長は月島調査を主導した高野岩三郎であり，彼に運営と調査研究がまかされた。

　大原社会問題研究所は，日本における組織的社会調査の調査主体として先駆的な存在であった。戦後，1949年に法政大学へ移管され

たが，「大原社研」とよばれ，日本の経済学，社会学の理論・実証研究の発展に大きな貢献をはたしている。初期の調査例には，1919年消費組合調査，乳児死亡率に関する調査，1921年の労働組合調査，賃金調査，大阪市公的娯楽調査，1924年には農民組合調査などがあげられる。1911年に工場法が制定（農商務省『職工事情』調査が基になる），1916年に施行されて，最低就業年齢12歳，最長労働時間12時間，深夜業禁止が定められたとはいえ，長時間労働や低賃金，劣悪な就労環境という労働問題はむしろ顕在化していた。

　大原社会問題研究所を設立した大原孫三郎は，本業の紡績工場経営のほか，社会福祉事業や文化事業にも貢献し，大原美術館，倉敷中央病院，石井記念愛染園（石井十次による岡山孤児院を引き継ぐ），倉敷労働科学研究所，大原奨農会農業研究所なども開き，また財政的に支援し，現代の企業による社会貢献活動の先駆けとなった。実業家による社会事業や社会調査への関わりという点は，イギリスで貧困調査に取り組んだ実業家ブースやラウントリーと通じるところがある。

社会調査者のライフヒストリー

高野 岩三郎　1871-1949

　高野岩三郎は，長崎市の中島川にかかる眼鏡橋の近くの銀屋町で生まれ，7歳のときに一家で上京し，東京の下町で育った。第一高等学校を終え，1892年，東京帝国大学法科大学政治学科に入学したが，父が働き盛りで逝去し，3歳年長の兄が渡米してその送金に助けられて卒業している。その後，大学院へ進み，1899年，ドイツのミュンヘン大学へ留学し，統計学と経済学を学び，1901年に卒業する。ミュンヘンで知り合ったドイツ人と結婚している。高野は，帰国後，東大教授となって統計学を講じる。大内兵衛は『高野岩三郎伝』（1968：iv-v）の「はしがき」で

高野の業績をライフステージに沿って 3 期でとらえ，とくに第 2 ステージで高野がはたした活動の意義を三つにまとめている。一つは東京大学に統計学講座を開き日本の統計学を創始したこと，二つには，大原社会問題研究所を作って日本の社会問題研究の道を拓いたこと，三つにはさまざまな新しい社会運動の指導をしたこと，そのなかには社会政策学会の設立，家計調査の実施，労働立法への貢献，経済学の国家学からの独立をめざし東大経済学部を創設，無産政党や労働者教育の指導，思想的受難に対するレジスタンスがあげられている。

　とくに社会調査の系譜からみると，1916 年の家計調査「東京ニ於ケル二十職工家計調査」は日本最初の社会統計的方法による労働者家計調査であり，月島調査の実施や第 1 回国勢調査のための国勢調査評議会の評議員として啓蒙活動や調査項目助言等，日本の社会調査の礎を築く先駆的な調査を手がけ，社会調査の普及に貢献した。

　高野は，1919 年，国際労働代表事件や東大経済学部の『経済学研究』創刊号に掲載された森戸辰男論文をめぐる森戸事件の後，東大教授を辞して大原社会問題研究所所長として大阪へ居を移し，労働運動や社会問題の調査研究事業に邁進し，戦時期の冬の時代のなかでも多くの社会科学者を育てている。高野の生涯をとおして労働問題や労働運動への深いかかわりの背景には，明治期の労働運動の先駆者といわれる，35 歳で亡くなった兄・房太郎の遺志を継ぐ思いがあったといわれている（大島 1968：439）。

【参考文献】

川合隆男　1991a「はしがき」川合隆男編『近代日本社会調査史（Ⅱ）』慶應通信，
　　　i-iv 頁

川合隆男　1991b「社会調査方法史について――近代日本における社会調査方法の模索と「月島調査」」川合隆男編『近代日本社会調査史（Ⅱ）』慶應通信，79-104 頁

川合隆男　1991c「国勢調査の開始――民勢調査から国勢調査へ」川合隆男編

『近代日本社会調査史（Ⅱ）』慶應通信，105-141 頁

大島清 1968『高野岩三郎伝』大内兵衛・森戸辰男・久留間鮫造監修，岩波書店

佐藤健二 2011『社会調査史のリテラシー──方法を読む社会学的想像力』新曜社

戸田貞三 1933『社会調査』時潮社

第8章 東京と社会調査
都市問題への調査のまなざし

　東京は，1889（明治22）年，市制・町制施行により東京府東京市となった。当時の東京市の人口は約138万人（明治22年～30年の人口は，内務省総務局戸籍課編『日本帝国民籍戸口表』収録「各地方現在一万人以上市区及町村戸口表」掲載の現住人口による），それから約30年後の1920年の第1回国勢調査では約217万人へ膨張している。

　19世紀末から20世紀初め，明治30年代終わりから大正期にかけて，東京では軽工業から重工業が発展し，人口流入が進み，工場労働者人口が急速に増えていった。都市人口の増大は全国的に顕著であり，日本の総人口に占める10万人以上の都市人口の割合は1913年13％から1920年20％へと増加した。労働者人口（従業員5人以上の工場勤務）も1910年約82万人から1920年約156万人となり，10年で2倍近くへ急増した。とくに大正期に入ると，都市労働者層の拡大は，労働問題，都市問題の深刻化へ結びついていく。

　大正期の東京でおこなわれたさまざまな調査のなかから，とくに現代の社会調査へつながる3つの調査に注目したい。一つは，1918年から20年にかけておこなわれた月島調査である。戦前期の社会調査をリードした高野岩三郎が中心となった調査である。二つめは，1921年に権田保之助がおこなった浅草調査である。当時，東京の最大の盛り場であった浅草をフィールドワークしている。三つめは，今和次郎による1925年の「銀座街頭風俗調査」である。1923年9月の関東大震災により東京は壊滅的打撃を被った。震災を境に東京は大きく変貌し，現在の東京の基盤となる近代都市東京が形づくられていく。今和次郎の銀座調査は過渡期の変貌を記録にとどめた考

現学的調査であり、定点観測という今日のマーケティング調査の基礎となる手法を生みだしたユニークな調査であった。

　月島、浅草、銀座といずれも東京都心の一画に位置する繁華街を調査地とし、都市に生きる人びとをとらえるようとした先駆的な社会調査であった。1920年代から30年代にかけて近代都市東京への変貌にどのような調査のまなざしが注がれたのかみてみよう。

 月 島 調 査

　現在、東京都中央区月島は、もんじゃ焼きの町として知られるが、もともと隅田川河口に作られた人工の島である。かつて漁業を生業とする佃島と石川島という二つの島があった。佃島は、徳川家康の時代に大阪・摂津の佃村から移住した漁夫たちの島といわれており、石川島は、水戸藩徳川斉昭が1853年に石川島造船所を建設した島である。この二つの島に隣接して、明治中期以降、東京湾の浚渫による埋め立てが進んだ。1892（明治25）年に月島1号地が完成して以降、月島2号地、新佃島とつぎつぎに造成され、1913年に月島3号地の完成後には、月島は機械工業の工場群と工場労働者たちからなる新興の街となっていた。

　月島調査は、内務省衛生局「保健衛生調査会」（1916年発足）を調査母体として、社会政策学者・高野岩三郎の指導のもと、権田保之助をはじめ、山名義鶴、星野鉄男、三好豊太郎らが1918年から1921年の報告書編成まで3年にわたり取り組んだ共同調査である。月島調査は、統計調査、標本調査、参与観察調査の総合をめざして模索した初めての本格的な地域コミュニティ調査であった（川合1991：79-104）。

　月島調査は、調査準備期（1918年11月12月）、調査実施期（1919年～1920年夏）、調査編成期（1920年秋～1921年本報告書提出）、と三段階で進められた。

高野らは，月島に調査所を設置（1918 年 11 月〜1920 年 12 月）して，2 年間，週一回，共同調査者全員が集まり，調査の実施，打ち合わせを繰り返した。毎回，高野も出席し，そこではイギリスの貧困調査で知られるブースやラウントリーも話題となったといわれ（川合 1991：98），欧米の社会調査の動向も学んでいた。

　月島調査の特徴は，「書類上の調査」と「実際上の調査」という二種類の調査からなることにある。「書類上の調査」とは既存の統計資料の活用による調査研究であり，たとえば，『警視庁統計書』，『東京市統計年鑑』，『明治 41 年東京市勢調査原表』，『東京市人口動態統計小票』を用いて月島の動態（人口，人口動態，職業，社会階級，工場と労働者等）があきらかにされた。

　「実際上の調査」とは長期にわたるフィールドワークをさしている。月島に設けた調査所を拠点として約 2 年間にわたり調査をおこなった。月島の社会空間の構成調査による社会地図作成，工場労働調査，労働者や児童の栄養・衛生状態の調査，労働者家計調査，月島の街路調査など，以下のとおり，多岐にわたる月島の生活実態を調査している（川合 1991：99）。

① 　住宅，工場，商店，公共建築物を中心にした「社会地図作製」
② 　児童および労働者の身体検査，労働者家族の日々の献立表による栄養状態調査および長屋住居・小学校等の衛生状況調査
③ 　湯屋，理髪店，ミルクホール，駄菓子屋，古着屋等の衛生関係職業の調査
④ 　労働者の労働の種類・賃金。労働時間。その他の労働状態に関する工場労働調査
⑤ 　労働者家計調査
⑥ 　小学校児童の家族関係，娯楽等の調査
⑦ 　寄席の実地調査

⑧　飲食店・露店・通行人調査，数多くの写真撮影

　月島調査は，都市保健衛生状態の調査としては頓挫し，成果は部分的なものにとどまったといわれている。しかし，都市コミュニティ調査や労働者生活調査としては先駆的なものであり，戸田貞三が「モノグラフィ」（個別的調査法）の例として月島調査を位置づけたことを（戸田 1919：36-40，川合 1991：99-101）川合は紹介している。月島調査は，地域密着型の長期参与観察によるフィールドワーク研究として日本で初めての本格的な調査として評価される。また調査地を撮影した月島の数多くの写真は歴史的資料としても貴重なものであり，調査での写真利用はもっとも早い時期のものでもあった。

② 浅草調査

　大正時代の浅草は民衆娯楽のメッカであった。浅草は，江戸時代から両国とならぶ盛り場で，観音菩薩を本尊とする浅草寺の門前町として栄えたが，明治末から大正にかけて空前の繁栄をとげた。1884 年，浅草寺境内を公園化して六つの区に分けられ，各区の営業内容が定められた。1890 年には浅草十二階として知られた凌雲閣という東京で初めての高層建築が建てられた。高さは 52 メートル，高所からの眺めを売り物にした眺望施設で，東京だけでなく関東平野全体が見晴らせたという。界隈は大道芸人や見世物小屋，飲食店，遊技場などでにぎわい，永井荷風が描いたような世界が広がっていた。とりわけ 1897 年に日本へ紹介された活動写真は，1903 年に初めての常設活動写真館である浅草電気館が開かれて民衆娯楽の中心となる。大正時代にはいると，六区には活動写真館が立ち並び，浅草は黄金時代を迎えた。

　民衆娯楽の場・浅草の主体となったのは，第一次世界大戦後の資本主義の急激な進展が生み出した新興の「無産階級」とよばれた労

働者たちである。権田保之助（1887-1951）は，1921 年，工場労働者
の娯楽に注目し，自生的に生まれた民衆の文化として労働者の娯楽
をとらえるために浅草調査をおこなった。

　権田は東京・神田の出身で，東京帝国大学経済学部助手として月
島調査に参加し工場労働者の生活への関心を高め，1921 年より高
野岩三郎が所長をつとめる大原社会問題研究所の研究員として戦後
にいたるまで一貫して娯楽・余暇の研究にたずさわった。最初に本
格的に自ら取り組んだ娯楽調査が浅草での調査である。

　日露戦争後の資本主義発展によって出現した大量の無産階級にと
っては低賃金と長時間労働のために余暇時間が圧縮されている生活
実態が問題であった。寄席の低迷と活動写真の飛躍的発展という新
たな民衆娯楽の台頭の実態把握が急務であると権田は考えた。民衆
娯楽の問題へのアプローチとして権田は二つの方法をとった（井上
俊 1974：401）。一つは数量的・統計的データを取集することである。
もう一つは「現に生きつつある動きつつある現実」に飛び込んで見
ることで，「生活事実」としての民衆娯楽にせまろうとするフィー
ルドワークをおこなっている。統計的観察からは民衆の中枢が手工
業者・小商人から工場労働者へ交代していることがみてとれたが，
実地で検証することが求められた。浅草調査は 1921 年 3 月から 7
月にかけて約 4 か月間おこなわれた。調査方法と調査項目は，つぎ
の 6 点にまとめられている（平野 1991：156-161）。

① 　社会地図の作成
② 　通行人，興行入場者などの数量測定：一定時間，カウンター
　　で人数を測定する。「度数計を手にして 15 分間カチカチとやら
　　かした」と調査の『日誌』に記されている。主要な興行場・遊
　　技場の入場者や飲食店利用客，露店調査をおこなう。
③ 　観察

④　インタビュー：活動写真弁士や飲食店主，私娼らに直接話を聞いた。
⑤　調査票・質問票による調査：興行場従業員の身元や収入についての調査票を作成した。小学校児童には質問紙によるアンケート調査をおこなった。
⑥　行政・警察統計の利用

　権田の「浅草調査」報告書は完全な形では残されていない。だが，報告書の執筆プランと「浅草調査」日誌，単発で書かれた論文から浅草調査成果の概要がわかっており，たとえば，1922 年『時事新報』に載った「民衆を惹きつける浅草の魅力」には，娯楽担い手層が旧職人層から職工すなわち工場労働者へ変化していることが記されている。また，興行場従業員の待遇問題，娯楽費の高騰，私娼問題など民衆娯楽の問題点を発見したことも浅草調査の成果であった（平野 1991：158-161）。新興の無産階級という娯楽の需要者と活動写真のように企業化する娯楽の供給者とがつくりあげる民衆娯楽の場が誕生しつつある新しい盛り場として浅草を描きだしたのである（吉見 1987：36-59）。

③　今和次郎と銀座街頭風俗調査

　1923 年 9 月 1 日に発生した関東大震災によって，浅草の黄金時代は突然，終わりを迎えた。浅草のランドマークタワーであった十二階は上層部が倒壊して塔が傾き，9 月下旬には爆破解体された。浅草周辺も地震後の火災によって深刻な被害を受けた。大震災を契機に東京の都市構造は劇的に変貌した。震災後は下町から東京南西部へ人口移動が進み，郊外住宅地域が拡大し，新たな「山の手」が形成された。東京の新しい盛り場として台頭したのが銀座である。
　銀座は，明治初期の煉瓦街の建設にはじまり，柳の街路樹，1899

第8章　東京と社会調査

年まであった築地居留地，新橋を起点とする鉄道という文明開化の
シンボルの集結する場所であった。銀座には舶来品専門店だけでな
く，新聞や雑誌社が多く社屋を構え，近代化の情報センターの場に
もなっていた。震災後は，カフェや，1924年の松坂屋，1930年には
三越銀座店とデパートが進出し，丸の内に形成されたオフィス街と
ともにあらたに台頭する新中間層にとっての盛り場，モボ・モガの
闊歩するハイカラな街へと急速に変貌していった。「銀ブラ」とい
う言葉が使われるようになったのもこのころからである。

　1925年5月，今和次郎（1888-1973）は銀座の街角に立って道行く
人たちを観察記録していた。初夏の銀座で今がおこなっていたのは
銀座街頭風俗調査である。銀座を歩く人たちの外見を観察し，頭髪
から靴にいたるまで，髪形や化粧，衣装や装飾品など身につけてい
るものをパーツに分けて計測して，装いの統計的記録という調査を
おこなった（図8-1参照）。人びとの外見へまなざしを注ぎ，観測す
る考現学調査には，「新しく作られていく東京」を継続的に記録し
ていく狙いがあった。

　社会調査法としてみるなら考現学的手法の特徴は対象化したモノ
の「観測」にあり，とくに定点観測といわれる方法である（井上忠
司 1977）。定点観測とは観測者の位置あるいは場所を固定して対象
を連続的に直接観測する手法であり，考現学調査の中心的な方法と
して知られる。社会調査法として参与観察という対象を観る方法が
知られているが，定点観測は非・参与型の観察行為といえる。

　定点観測はもともと気象学に由来する方法である。観測という行
為は，文字通り，観ることと測ることから成る。観測の方法には，
観測者の位置を固定せず対象を固定して観測者が対象に合わせて移
動して観測する移動観測，複数の観測者が同時に異なる場所で同様
の対象を観測する同時観測という複数の観測法がある。いずれにし
ても継続的な観測記録により発見をみいだせる調査法である。

73

図 8-1　銀座風俗街頭調査 1925 年 5 月
出典：今 1971：71

　1925 年 5 月 7 日，9 日，11 日，16 日の四日間にわたり今が吉田謙吉ら協力者とともにおこなった考現学調査は，銀座の人波分析により「銀ブラのコンストラクション」をあきらかにした（図 8-2，図 8-3 参照）。銀座という東京の新たな繁華街を歩く人たちの観測からみえてきたのは，震災前の浅草とは異なる装いをした人びとである。道を行く男性の 67％が洋装であり，43％はスーツ姿で銀座を歩いていた。一方で，女性の洋装率はわずか 1％であり，銀座はモボ・

第 8 章　東京と社会調査

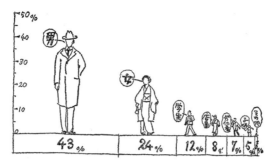

図 8-2　銀座の人波分析——「通行人の分析」
出典：今 1971：65

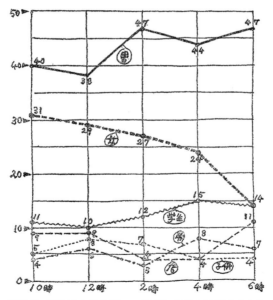

図 8-3　銀座の人波分析——時間による人出構成の変化
出典：今 1971：65

モガの闊歩する街というメディアの報道に反して，実際の街頭ではモガはほとんど見かけなかった。99％の女性が和装で歩いており，洋化における大きなジェンダー差が見いだされた。しかし，女性の頭髪に注目すると，和装しか合わない純粋な日本髪スタイルは3割であり，約7割の女性は洋装でも和装でも可能な髪形である西洋髪か束髪スタイルとなっていた（図8-4参照）。頭髪から洋化への準備ができていたともいえる。人びとの外見に注目することで洋装率とジェンダー差があきらかになった。背広を着用した男性と洋化への過渡期にあった和装の女性たちが歩く街角から人びとの外見に現れた近代化と新中間層の繁華街として変化してゆく銀座の様子が浮かびあがってくる。

11日午後2時50分―3時15分・西側南行											俤文子・彩子
西洋がみ							日本がみ				
セミ	オールバック	まげなし	みみかくく	夜会	だんぱつ	そくはつ	まげ	おばこ	いちよう返し	やいしゃれ	しまだ
119	120	62	42	2	0	220	101	106	24	18	2
34	35	18	12	1	0	%	40	42	10	7	1
816人 % 和洋の比	42%					27%	31%				

図8-4　銀座風俗街頭調査——女性の髪形 1925 年 5 月 11 日午後 2 時 50 分〜3 時 15 分

出典：今 1971：96

　考現学調査は観察と記録を中心とする調査法である。その特徴は，a．徹底した客観的観察，b．数字による全体把握，c．比較，という3つの点にある。今は，東京全体での現われ方を認識するために本所や深川の貧民窟や労働者の街での調査をおこない，対照され

るべき山の手の郊外，当時の阿佐ヶ谷でも調査をおこなっている。これらの観測は，全体への視点と比較によってはじめてその意義が明確になる。

今和次郎は，銀座街頭調査から12年後の1937年5月に雑誌『婦人之友』読者会員の協力を得て，全国19都市の繁華街でいっせいに女性服装調査を実施した。その調査は定点観測を応用した同時観測である。『全国19都市女性服装調査報告』(1937) では，東京の女性の洋服着用率は25％であり，全国平均26％を下回っていた（『婦人之友』1937, 31巻6号, 89-113頁, 井上忠司1977：50-51）。軍国主義の進む時代であったが，19都市を比較すると，女性の洋装化の時間的変化と地域別差異を知ることができる貴重な調査であった（図8-5参照）。

図8-5　1937年の女性洋装化「全国19都市女性服装調査」より
出典:『婦人之友』31-6, 1937：92-93

今和次郎があみだした考現学調査，とりわけ定点観測の方法は，現代のマーケティングの手法へ積極的に応用されている。たとえばACROSSは1980年より渋谷，原宿，新宿に定点を設定し，街角で道行く人びとを観察することで流行を知るというストリート・ファッション・マーケティングを展開している。都市の一画で継続される定点観測は，位置を固定し，同じ対象を長く継続して観察記録することで，社会の動向や変化への発見がもたらされる調査法である。

```
┌──────────────────────────────────┐
│     社会調査者のライフヒストリー     │
└──────────────────────────────────┘
```

権田 保之助　1887-1951

　権田保之助は，東京の神田で生まれ，東京外国語学校でドイツ語を学
んだ後，東京帝国大学哲学科（美学専攻）を 1914 年卒業する。権田は，
東京外国語学校で経済原論を講じていた高野岩三郎と授業で出会って以
来，月島調査から戦後の NHK で初代会長となった高野を常務理事となっ
た権田が支えるに至るまで，終生，高野との深いつながりのもとで調
査研究活動をおこなった。1919 年，東京帝国大学経済学部助手となった
が，森戸事件（経済学部森戸辰男助教授が学部雑誌『経済学研究』創刊号に
発表した論文「クロポトキンの社会思想の研究」が危険思想として新聞紙法
第 42 条に問われ起訴された事件）を機に助手を依願免職，1921 年より高
野岩三郎が所長をつとめる大原社会問題研究所研究員となってさまざま
な調査を手がけた。権田は，フィールドワークを主体とした娯楽・余暇
研究をおこない，多くの論文を出し，大正から昭和前半の活動写真や民
衆の娯楽生活を調査して民衆娯楽研究を切り拓いた。権田の研究は『権
田保之助著作集』として 4 巻にまとめられ出版されている。

今 和次郎　1888-1973

　今和次郎は，青森県弘前市で生まれ，東京美術学校図案科を卒業し，
早稲田大学建築学科で長く都市計画や住居論，デザイン論を教えた教授
であった。民家研究から出発し，考現学，生活学，民家論，家政論，服
飾研究など晩年に出版された今和次郎の著作集のタイトルが示すように
多岐にわたるユニークな研究を展開した異色の研究者である。考現学と
は，「現代風俗あるいは現代世相研究にたいしてとりつつある態度およ
び方法，そしてその仕事全体を，私たちは「考現学」と称している」と
して，「現在われわれの眼前にみる生活のなかにある事象を対象として
記録考究する」学問として提唱された。考現学は，「時間的には考古学
と対立し，空間的には民族学と対立するもの」として既存の学問からは

みだして，あらたに現在の生活学や風俗学，路上観察学の展開を生みだす力をもっていた。『ジャンパーを着て四十年』（1967）という自伝の表題のとおり，今和次郎はどこへ行くにもいつもジャンパーを着ていた。1972年に設立された日本生活学会の初代会長でもあった。

【参考文献】

平野隆 1991「大正期の民衆余暇・娯楽調査——「浅草調査」と「『余暇生活の研究』調査」」川合隆男編『近代日本社会調査史（Ⅱ）』慶應通信，143-176頁

権田保之助 1975「娯楽地『浅草』の研究」『権田保之助著作集 第四巻』文和書房，174-230頁

井上俊 1974「解説」『権田保之助著作集 第二巻』文和書房，397-403頁

井上忠司 1977「定点観測の方法——気象の科学から風俗の科学へ」『現代風俗 '77』現代風俗研究会，29-57頁

川合隆男 1991「社会調査方法史について——近代日本における社会調査方法の模索と「月島調査」」川合隆男編『近代日本社会調査史（Ⅱ）』慶應通信，79-104頁

今和次郎 1967『ジャンパーを着て四十年』文化服装学院出版局

今和次郎 1971『考現学』ドメス出版

内務省衛生局編 1970『月島調査』（生活古典叢書6，関谷耕一解説）光生館

佐藤健二 1992「都市社会学の社会史——方法分析からの問題提起」『都市社会学のフロンティア…1 構造・空間・方法』倉沢進・町村敬志編，日本評論社，151-215頁

田村紀雄 1981「権田保之助・「浅草」風俗の調査」『現代風俗 '81』現代風俗研究会 6-28頁

戸田貞三 1919「生活調査法に就て」『救済研究』7巻6号，28-45頁

梅棹忠夫 1971「考現学と世相史（上）——現代史研究への人類学的アプローチ」『季刊人類学』2-1，京都大学人類学研究会

吉見俊哉 1987『都市のドラマトゥルギー——東京・盛り場の社会史』弘文堂

第9章 農村調査と農村社会学の成立

　1920年の第1回国勢調査の結果によると，当時の日本の農業従事者人口は約1400万人で労働力人口の約53％，世帯数でも全国の半分以上が農業に従事しており，人口の6割以上は農村地域に居住する農業国であった。農業人口は戦後減少の一途をたどり，2010年には労働人口の約3％にまで減っている。

　20世紀初めにおける日本の資本主義の発展は，地主制の進展と小農民の困窮という農村問題を生みだした。昭和にはいり経済恐慌の影響下にあって農村問題が深刻化していくなかで，実際に農村調査をおこなう農村社会学的研究がはじまる。社会調査の展開期としての1930年代は農村調査が活発になり農村社会学が成立した時期であった。

　農村社会学は村落社会や農民生活を研究対象とする社会学である。その基礎を築いたのが鈴木榮太郎（1894-1966）と有賀喜左衞門（1897-1979）である。1920年代30年代の農村調査をもとにしてあらわされた鈴木榮太郎の『日本農村社会学原理』（1940年）と有賀喜左衞門の『日本家族制度と小作制度』（1943年）によって日本農村社会学が確立された（細谷 1998：18）。鈴木は農家家族と自然村を中心においた農村社会の体系的把握をめざし，有賀は地主制とかかわる家族制度や同族組織の研究をおこなった。鈴木榮太郎の「自然村」，有賀喜左衞門の「家連合」という二人の提起した日本の農村社会をとらえる概念はその後の日本の農村社会学研究を基礎づけている。有賀がおこなった石神村調査と鈴木があらわした農村社会調査法を社会調査の展開としてとりあげてみよう。

第 9 章　農村調査と農村社会学の成立

　有賀喜左衞門の石神村調査

　1939 年末に有賀があらわした『南部二戸郡石神村に於ける大家族制度と名子制度』は，有賀の農村社会学的研究の出発点となっただけでなく，日本の社会学的調査研究において初めてモノグラフ的手法で描きだされた農村調査の記念碑的作品であった。有賀は，柳田国男らによる雑誌『民族』（1925 年創刊，1929 年から『民俗』）や郷土研究法の編集にかかわり，ついで渋沢敬三の主宰する「アチック・ミューゼアム」（渋沢敬三が自邸に開設したプライベート・ミュージアム。1921 年に活動を始め，1939 年に「日本常民文化研究所」と改称）の同人として共同調査に取り組むなかで民俗学や文化人類学から出立して独自の農村社会学を切りひらいた。

　石神村モノグラフとしての『南部二戸郡石神村に於ける大家族制度と名子制度』（以下，石神村モノグラフと略）は，石神村（当時，岩手県二戸郡荒沢村，現在の岩手県八幡平市）に居住する斎藤家という一つの大家族の生活を血縁・非血縁者の居住関係や労働関係に着目して描きだしている。

　有賀の石神村調査とはどのようなものであったのだろうか。石神村調査のきっかけは，渋沢敬三による「石神村の発見」によってもたらされた。渋沢は，柳田国男の『石神問答』（1910）から連想される「石神」という地名に惹かれて，1934 年 7 月，東北旅行中に石神村に立ち寄った。そこで出会ったのは，石神信仰ではなく巨大な茅葺家屋に 20 人以上が暮らす斎藤家という大家族であり，「名子」とよばれる分家とともに広大な田畑で農業を営み，漆器を生産する大家族制の村であった。

　有賀は，1935 年 7 月 31 日，石神村を初めて訪れて，1 週間，滞在した。翌 36 年 1 月に再訪し，以来 30 年にわたり，有賀は石神へ惹きつけられた。当初の民俗学的調査から農村社会学的な調査研究

へ転換した有賀は，大家族制の実態をとらえ，戦後の農地改革による大家族制の崩壊にいたるまで石神の変遷を追い続けた。いまのような交通至便ではない時代に，1940年，戦後の1958年，1966年と，いずれも短期の現地滞在ではあったものの計5回の現地調査をおこなっている。大屋といわれた斎藤家の当主と地元の郷土史家という二人の優れたインフォーマントに恵まれて数多くの質問に対して書簡によって情報を得たり，アチック・ミューゼアムによる資料収集や写真等の記録にも助けられたりして，有賀は斎藤家という大家族と名子制度についての詳細なモノグラフを表わしている（『有賀喜左衛門著作集Ⅲ』1967年刊には，1939年にアチック・ミューゼアムによって刊行された『南部二戸郡石神村に於ける大家族制度と名子制度』が前篇に収録され，後篇に「大家族制度崩壊以後」として戦後の調査結果が入っている）。

 石神村モノグラフ

　石神村モノグラフでは，「序」で有賀が初めて調査地を訪れたときの村の様子が描かれており，厳しい気候のなかで生きる人たちの生活がまず浮かぶ。

　　昭和10年の夏も涼しい日が多かった。前年の大凶作におびえた人たちは日照りの多い，暑い夏を待ち望んでいたが，7月は雨が多く低温の日がつづいた。……ヤマセ特有の冷気は腹まで沁みるようで，夏ともおもわれぬ寒さの中を人々に別れたのであった。（有賀1967：21-27）

　　昭和11年の正月はことさらに雪が深かった。奥州の中央山脈を越えて日本海から吹く風が，来る日も来る日も多量の雪を伴い，また嵐は山肌や地面の雪を抱き上げて，真白い煙幕を山野といわず，家といわず，すべてを包んでしまった。私の石神へ訪れた1月11

第9章　農村調査と農村社会学の成立

日もそういう日の一つであった。私は花輪線の寒駅荒屋新町駅から一里の雪道に馬橇を走らせて，この吹雪の中を石神へ向った。(有賀 1967：27)

　石神は，1937年当時の人口263人（荒沢村人口約5500人），三方を千メートル級の山に囲まれ安比川沿いの街道筋に位置している。石神から約4キロのところには盛岡と大館を結ぶ JR 花輪線の駅がある。

　斎藤家は，寛永年間（1624〜1645年），南部藩の士格から帰農した初代に始まり，調査当時の当主が17代めで，1936年の所有面積1717畝（約17万 m²，約5万1500坪）という大地主であった。大屋の家族は，血族家族とともに「召使」という奉公人家族も含め約20人が同居し，石神村のなかには大屋の血族分家である別家，「名子」とよばれた奉公人分家の家々があった。「召使」といわれる人は，「名子」の子どもたちで，いずれ「名子」になる約束のもと，小学校卒業後に大屋のうちに入り，農耕，山仕事，木地挽，漆器業，家事全般の労働にたずさわる。「名子」には二種類あり，大屋の召使が分家した分家名子（奉公人分家）と大屋から屋敷を借用することで名子になった屋敷名子がある。「名子」は，住居屋敷と田畑を借り，田打ち，田植え，草取り，稲刈りなどの農事のスケ（手伝い）に従事する。かつての「名子」が屋敷を所有し，耕作地のみを借りる小作人となった「作子」とよばれる家もあった。

　石神村モノグラフは，地図や表，写真，家系図など視覚的表現が多用されていることが特徴である（図9-1参照）。各種の地図によって石神村の空間的位置関係を示し，居宅の配置図に家ごとの世代的系譜を詳細に記し，大家斎藤家の家族構成と別家や分家「名子」の発展過程をあきらかにしている。モノグラフは，戦前の大家族，大地主の生活実態を示して歴史的資料としても価値がある。戦後

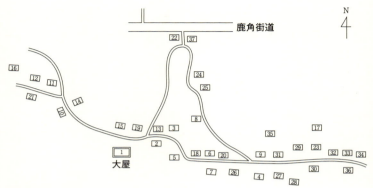

別家5軒（2 3 4 5 6）
孫別家2軒（7 8）
別家格名子3軒（9 10 11）
分家名子9軒（12 13 14 15 16 17 18 19 20）
屋敷名子6軒（21 22 23 28 29 37）
作子4軒（24 25 31 36）
その他7軒（26 27 30 32 33 34 35）

図9-1　石神村における大屋と別家・名子 1935年
出典：有賀1967「図4石神の地理概略」「図5大屋との関係」をもとに筆者作成

1958年と1966年にも調査はおこなわれ，戦争と農地改革を経てかつての大家族がいかに変容したかがあきらかにされている後半部分も興味深い。

　戦後の農地解放で22人の小作者へ5町歩（約5ha）の田畑を手放し，斎藤家には1町5畝3歩（約1.6ha）が残った。17代の次男は18代を継いで名子や作子のいなくなった農業経営に耕運機や脱穀機等を購入して農業機械化をはかることで切り抜けた。この新しい農業経営によって農業生産量が飛躍的に高くなる。さらに元の地主が元の小作者に対して農業機械を用いて農作業を助ける側に回るという逆転的な革新的展開があった。

　石神村モノグラフは，大屋を本家として別家・名子という分家が

同族的結合を形成し，労働の組織化にもとづく農業生産の維持と相互的な生活保障の機能をはたしているさまを詳細に描きだしている。このモノグラフを出発点として，家を単位とする同族的な「家連合」が形成された農村社会の特質が論じられた。地主制と小作慣行をたんなる支配‐被支配関係に還元されない農民の生活形態として家族制度と連結させてとらえ，農民の創造性と積極的主体性をみいだしつつ「家連合」を包摂する村落社会の構造や論理を有賀はあきらかにした。

 鈴木榮太郎の「自然村」と農村社会調査法

1930年代はさまざまな農村調査がおこなわれ，農村の実態にもとづいた農村社会学が立ちあがった。細谷昂によると，たとえば有賀喜左衛門の指導のもと竹内利美がおこなった下伊那諸村調査（1932-35），鈴木榮太郎による坂祝村調査（1932-34），柳田国男を代表とする郷土生活研究所の山村調査および漁村生活調査（1934-39），戸田貞三や鈴木榮太郎らの分家慣行調査（1935-37），有賀喜左衛門らが担当したアチック・ミューゼアムの石神村調査（1935-36），喜多野清一の長政調査と若宮調査（1937）などがあげられる（細谷1998：21）。

鈴木榮太郎は，1924年に岐阜高等農林学校へ赴任して以来，美濃・飛驒地方における農村調査を精力的におこなった。アメリカ農村社会学，とくにP・A・ソローキンによる農村社会を「集団累積体」ととらえる考え方にヒントをえて，鈴木みずからの農村調査の経験にもとづいて，日本農村の独自の特質を考察した。農村社会には灌漑排水や入会林野等の村仕事，氏神や婚姻習俗による地縁血縁の重層的形成，共同防衛や各種の相互扶助などをめぐるさまざまな慣行がある。このような社会的接触の機会の累積が一地域での集団としての統一性や自律性をもたらしているのではないかと考えた。

土地への定着性や社会的等質性の高さも地域のまとまりをうながし，農民たちの日常の生産と生活の場としての村，社会的諸関係の統一体としての村を形づくっている。そのような村を鈴木は「自然村」という概念でとらえた。「自然村」とは，地理的には農村における「大字」に相当するが，地理的景観的な村としてではなく，地縁的結合を基礎に形成された集団的，社会的関係の累積体としての村をさしている。そこでは社会的交流や生活が自足的に営まれている農村協同体が基盤にあり，村は「自然村」による「自然的な社会的統一」とされている。「自然村」は日本の農村社会学の中心的テーマの一つとなった（鈴木1940，細谷1998：34-36）。

　鈴木は，岐阜県下を中心に数多くの農村調査をおこなったが，一つの村のモノグラフをあらわすことはなかった。『日本農村社会学原理』のベースの一つとなったはずの「美濃坂祝村のモノグラフ」や「農村調査野帳」というフィールドノートは見つかっていない（『鈴木榮太郎著作集第Ⅶ巻』月報8，1977）。だが，農村調査の方法への意識は高く，日本で最初の農村調査法である「農村社会学的部落調査法」（岐阜高等農林学校『各務研究報告』第19号　昭和6年7月）を1931年にあらわしている。農村調査の経験と蓄積は，戦後，喜多野清一との共著で刊行された『日本農村社会調査法』（1948）に結実しており，同書は日本で初めてのまとまった農村調査法のガイドブックとして農村調査に携わるものへの指針となった。

　鈴木らが『日本農村社会調査法』で示した農村調査の特徴は，対象とする村を総合的に把握し，農村社会として全体的に網羅的にとらえることにある。農村調査法であげられている調査項目は，村の地図作成，歴史調査，自然条件，人口，生業，同族・家族・親族・婚姻，年中行事，衣食住，信仰，教育，娯楽，権力関係，近隣，家と家の関係，と多岐にわたっている。これらの大半を調べることで一つの村落社会と村人の生活を多面的かつ総合的に把握できる。そ

のうえで，「個人伝記の作製」として村人数名の「平凡な老人についてその一生の伝記を作る」ことを勧めている。個人のライフヒストリーから個人的なことがらと社会との関係，生きた社会の組織と動きを一人の人の生活のうちに見出すことができるという。これらの調査を吟味し概括して，農村生活の一つの総合的な構造図絵を描きだしてみることが農村調査では必要である。村落社会は一つのまとまった人間世界であり，まとまって一組の秩序をそなえていることを描きだせる。

　鈴木は，農村調査をおこなううえでの3つの要点を指摘している。一つは，農村社会調査の方法としてもっとも効果あるのはモノグラフ法（鈴木 1948）ということである。鈴木のいうモノグラフとは質的な一つのまとまった全体に対する観察を意味しているが，「モノグラフ法による調査がもっとも建設的な効果を上げるであろう」とも述べている（1948／1977：17）。二つめは見本の選定の重要性である。見本とはケースといいかえることもできる。なぜその村を選んだのか説明がつくことが重要であるという。三つは，ゲス（guess）の重要性ということである。ゲスとは予測の意味で使われているが，作業仮説といいかえていいだろう。ゲスによって調査の企画はより精密になり，調査を進める過程でゲスは修正をせまられることもある。その場合，第二のゲス，第三のゲスで出直すこともありうる。社会的事実を正確に把握するためにはゲスにもとづいた調査企画が不可欠である（鈴木 1948：9-28，鈴木 1977：7-28）。このような要点の背景には，鈴木が目指したのが日本農村の社会構造の一般であり，各地の平均型に近い村，もっとも平均的な村を調査するという鈴木のめざすところがあった。

社会調査者のライフヒストリー

有賀 喜左衞門 1897-1979

　有賀喜左衞門は，1897年，長野県の伊那谷にある村（現・辰野町）で名主を務めた大地主の嫡男として生まれた。幼名は道夫であったが，わずか9歳のときに父が逝去し，七代め喜左衞門を襲名する。少年時代には，生前の父がしていたのと同じように，夜ごと訪ねてくる小作人の話を囲炉裏端に座って耳を傾けるという地主の役割をはたしたが，これが後の有賀社会学の聞き取り調査方法の始まりであったという（中野2003a: 17，中野2003b: 4）。有賀は小作人の生活問題を地主-小作関係をとおして知った。この経験による農村の生活実態の理解は1933年から34年に発表された論文「名子の賦役」の基盤となり，その後，農村社会学を切り拓く『日本家族制度と小作制度』の研究へ進展していく。地主の立場は終戦後の農地解放まで続いたが，その当時の村の話は，柳田国男が中心となった『民族』や後の『民俗学』に「炉辺見聞」として書かれている。なかでも興味深いのは1945年春に郷里に疎開して1946年秋に東京へ出るまでの戦争末期から終戦直後の農村の様子が地主の立場から詳細に描かれた「疎開」という戦後に発表された章であり，大転換を遂げた変貌期の貴重な農村記録ともなっている。有賀は，1949年，東京教育大学社会学科の発足とともに教授となり，戦後は社会学研究に携わって，1960年には日本社会学会会長も務めた。有賀の研究歴において，柳宗悦や柳田国男との出会い，第二高等学校で同窓生であった渋沢敬三との生涯の友人関係は農村社会学研究への出発点を招いた点で重要であった。

鈴木 榮太郎 1894-1966

　鈴木榮太郎は1894年長崎県壱岐で生まれ，東京帝国大学で社会学を学び，京都帝国大学大学院の米田庄太郎のもとで，イギリス社会学の研究，とくにJ・S・ミルやH・スペンサー，イギリスのル・プレー派の

研究に取り組んだ。加えてソローキン研究によって鈴木は農村社会学を築く基礎をつくりあげた。その一方で，大正期から晩年にいたるまで柳田国男と交流が続いており（「柳田国男先生の思い出」1963［鈴木 1971 所収］），とくに農村調査の実践において柳田から受けた影響を見逃すことはできない。1924 年に岐阜高等農林学校へ赴任して 18 年間，岐阜で教鞭をとりながら，飛騨・美濃を中心とする農村調査に取り組んだ。美濃の坂祝村調査が知られるが，ゲデス河系法，つまりパトリック・ゲデスから影響を受けた一つの河系ごとに一つの文化圏があり，文化の特色は河系に沿って残り，上流に遡るほど旧態を留めやすいという考えのもと，飛騨や美濃の川流域の農村調査，とくに長良川流域の村々の調査にも打ち込み，最奥の山村調査をした。当時，アメリカから訪れた Ｃ・Ｃ・ジンマーマンと共に白川村で撮影された写真が著作集第 7 巻の巻頭に掲げられている。1942 年，京城帝国大学へ移り 3 年半ソウルで過ごし，朝鮮半島の農村社会調査もおこなっている。引き揚げ後，GHQ 民間情報教育局 CIE で一年あまり勤務した後，北海道大学で社会学を教授することになった。北大在任中の半分は病床にあったものの，都市社会学研究に打ち込み，1957 年『都市社会学原理』を刊行する。都市とは社会的交流機関の結節機関の集中するところという都市結節機関説を提起して，農村社会学だけでなく，都市社会学の体系化に重要な貢献を果たした。さらに鈴木の研究では「農村家族の周期的律動」論が戦後の家族ライフサイクル論にとって先駆的研究であったこともあげておかなければならない。

【参考文献】

有賀喜左衞門 1967『有賀喜左衞門著作集Ⅲ　大家族制度と名子制度』未來社

有賀喜左衞門 1971『有賀喜左衞門著作集Ⅹ』未來社

福武直編 1977『戦後日本の農村調査』東京大学出版会

細谷昂 1998『現代と日本農村社会学』東北大学出版会

柿崎京一・黒崎八洲次良・間宏編 1988『有賀喜左衞門研究』御茶の水書房

中野卓 2003a『中野卓著作集　生活史シリーズ 1 巻　生活史の研究』東信堂

中野卓 2003b『中野卓著作集　生活史シリーズ7巻　先行者たちの生活史』東信堂

鈴木榮太郎 1931「農村社会学的部落調査法」『岐阜高等農林学校各務研究報告』第19号

鈴木榮太郎 1940『日本農村社会学原理』時潮社

鈴木榮太郎・喜多野清一 1948『日本農村社会調査法』國立書院

鈴木榮太郎 1948『農村社会調査の意義と方法』民族文化調査会編『社会調査の理論と実際』青山書院, 9-28頁

鈴木榮太郎 1971『鈴木榮太郎著作集Ⅲ巻　家族と民俗』未來社

鈴木榮太郎 1977『鈴木榮太郎著作集Ⅶ巻　社会調査』未來社

第10章 『鋳物の町』と労働調査

　第二次世界大戦後，社会調査は社会科学的方法としての確立をめざす強い志向をもち，新たな展開の時代を迎えた。福武直は，戦前期の日本では1920年より国勢調査が実施され，高野岩三郎の調査や戸田貞三の『社会調査』の刊行があったものの，モノグラフ的な農村調査や都市調査を除くと，十分な方法論的検討の上に社会科学的に基礎づけられた調査はいまだ未成熟であり，社会調査の歴史的基盤は脆弱であったと述べている（福武 1958：27-28）。川合隆男はむしろ社会学者による社会調査史の検討の不足を指摘しており，近代日本社会において同時代的に社会を把握しようとした幾多の調査を発掘している（川合 1991：84）。

　戦後のアメリカの影響は社会調査へも及んでいる。終戦直後，GHQ民間情報教育局CIE等を通して世論調査や標本調査などアメリカの社会調査の導入が進んだ。戦後の社会の混乱状況と新しい時代への転換期とが重なって社会調査への関心は高まった。社会調査は，問題意識と仮説的理論と方法的技術の精錬が意識化された社会科学的な調査であることがめざされるようになる（福武 1958：28-29）。

 ## 1　社会調査の再出発としての労働調査

　敗戦直後の日本では人びとの生活は困難をきわめた。戦禍による荒廃と悪性インフレが生活を窮乏に陥れ，大量の失業者と極度の食糧不足により配給だけでは餓死者ができるような困難な時代であった。終戦直後の生活危機のなかで労働組合が一斉に結成され，労働組合運動が爆発的に展開された。1945年には組合数0であったのに，

わずか 1 年後の 1946 年 8 月には組合数 13,341，組合員数は約 387
万人にまで急膨張していた。

　この動向は憲法制定や法的整備と連動している。日本国憲法は，
1946 年 11 月 3 日に公布され，1947 年 5 月 3 日に施行された。憲法
第 27 条は勤労の権利と義務等の労働基本権を定め，憲法第 28 条は
勤労者の団結権と団体交渉権を保障している。労働基準法，労働組
合法，労働関係調整法は，労働基本権を示した基本的な法律で，労
働三法と呼ばれているが，終戦後数年のうちにあいついで定められ
た。労働組合法は，1945 年 12 月に制定された後，1949 年 6 月 1 日
に改正され，労働組合結成の保障やストライキなど労働争議に対す
る不当労働行為の阻止等を定めている。このような法的整備とも連
動して労働組合の結成と活動は活発化し，労働調査も始まった。
1947 年には，東京大学社会科学研究所で『戦後労働組合の実態』調
査が開始され，東京大学社会学研究室では尾高邦雄を中心に「鋳物
の町」調査が始まった。労働社会学は日本の社会学全体の実質的な
新しい出発の中心の一つとして位置づけられている。

　辻勝次は，戦後の社会学的労働調査の展開を 4 つに時期区分して
とらえている。第 1 期 出発期 1945〜1955 年，第 2 期 展開期 1955
〜1970 年，第 3 期 停滞期 1970〜1980 年，第 4 期 再建・展開期
1980〜1991 年という 4 期である（辻 1994：165）。戦後の社会調査の
出発期における労働状況と労働調査の動向をみることで現代の社会
調査がいかに基礎づけられたのかを理解しよう。

　第 1 期 1945〜1955 年における労働調査を概観すると，前近代的
労働形態を残しつつ，新しい労働へ移行する変容期の状況が浮かび
あがる。

　尾高邦雄「タタラ親方」調査（1944 年調査，1946 年発表），松島静
雄「友子」調査（1947-48 年調査，1950 年発表），山本教憲「素麺師」
調査（1952 年調査，1954 年発表），これら 3 つの初期の労働調査であ

きらかにされたことは，前近代的な労働者の日常世界と労務管理の問題であった。「タタラ親方」調査は，たたら製鉄法という近世以前より島根県から鳥取県にかけて盛んであった「古式製錬法」（「ふいご」を用いて砂鉄と木炭から和鋼を製錬）で製鉄に従事する親方－子方労働を特徴とする鉄山の実態調査である。「友子」調査は，秋田県の鉱山や福島県・茨城県の炭鉱での調査を通して，江戸時代から続く鉱山労働者の相互扶助組織を描いた。「素麺師」調査は，播州地方（現・兵庫県たつの市）の手延素麺労働者の冬場の季節労働における親方との家父長的関係にある厳しい労働実態をあきらかにした。

いずれの調査も，製鉄，鉱山，手延素麺生産という閉鎖的な社会の労働と労働者生活の「共同性」を描き，日本の労働組織と労働者の日常世界についての原型の一つを抽出した。過酷で危険な長時間労働，低賃金と厳格な労務統制，家族共同体を擬制した温情主義や家父長主義的な旧態的労働管理，労働者の低い要求水準と質素な生活，加えて労働者自身の自助組織の発達があり，経営と労働とが前近代的家族共同体秩序に規律づけられて営まれている状況であった。労働における前近代性は，1950年代もなお依然として存在していた。当時の社会科学では，「封建遺制」とよばれ，近代資本主義のなかに残存している封建的な制度や慣習の解明は切迫した研究課題であった。

1950年代に入ると，労働社会学の第一の隆盛期となった。「労働社会学」を冠した著作が続々と出され，尾高邦雄，松島静雄，米山桂三，北川隆吉，間宏など，多くの社会学者が労働調査をおこない，労働社会学，産業社会学が切り拓かれていった。戦後の日本経済が本格的な復興過程にはいり，技術革新や労務管理の近代化が進むなかで労働者や労働組合とのせめぎあいが顕著になった社会的現実によって1950年代の労働調査の隆盛はもたらされた。労働調査は戦後日本の社会調査の出発点に位置し，社会学の研究水準を引き上げ

ることに貢献し、さらに現代の社会調査へつながっていった。

 「鋳物の町」調査と『キューポラのある街』

　戦後の社会調査の出発点としての「鋳物の町」調査は、労働生活や労働組合だけでなく工場労働と地域社会の関係も描きだした。多様な調査法を取り入れ段階的に展開するよう組織化された社会調査は新たな調査形式として先駆的であった。その成果は1956年に尾高邦雄編『鋳物の町——産業社会学的研究』として刊行されている。
　冒頭で尾高は、「鋳物の町」川口の様子と関心のきっかけを次のように記している。

> 　東京から浦和に向う省線電車が赤羽駅を出て荒川の鉄橋を渡ると、沿線の両側に奇妙なトタン張りの低い屋根、俗に「吹床」といわれる変った形の煙突をもった一群の小工場が車窓から見られる。川一つ隔てただけで、ここはもう埼玉県である。たまたま夕闇せまるころこの付近を通りかかると、工場の上に赤く溶解炉の火が照り映え、ときどき金色の火の粉が空に舞上がっている絵のような光景に接するであろう。荒川べりのこの町の特殊な風景は、小学生のころから、ここを通るたびに奇妙にわれわれの好奇心を刺激したものであった。その後、これが有名な川口の鋳物工場群であり、そしてここには日本独特のさまざまな労働慣行が残されていることを教えられてからは、この好奇心はさらに強められた。大学で社会学を学び、そして幾多の実態調査を手がけるようになってからも、この町のもつ魅力はわれわれの心を去らず、いつかはこの町、これらの小工場群、そしてそこに働く人々のことを詳しく研究してみたいという考えをわれわれに抱かせしめたのである。（尾高 1956：8）

　埼玉県川口市は人口約60万人（2016年6月1日現在、594,274人）、

第 10 章　『鋳物の町』と労働調査

1964年東京オリンピック聖火台
1964年10月10日，東京五輪開会式＝国立競技場
写真提供：共同通信社

　荒川を隔てて東京都と接し，東京への通勤率約33％（2010年国勢調査）という都心へ通う人たちの住宅地でもある。川口における鋳物製造は，中世より始まり江戸期に発展した。とくに明治30年代ころから鋳物工場が増える。全盛期の1961年には6363社，いまも約130社（2015年川口鋳物工業協同組合加盟数）あり，「鋳物の町」である（図10-1は1949年の鋳物工場分布を示す）。鋳物とは金属加工の技法の一つである。鉄は鋼と鋳鉄に分けられるが，鋳鉄は炭素含有量が2％以上で溶融点が低く，溶かして鋳型で加工しやすい。鋳型に溶融した鋳鉄を注入し凝固させる金属製法である。もっともよく知られる川口の鋳物製品は1964年の東京オリンピックにおける聖火台である。

　「鋳物の町」川口は，1962年に公開された映画『キューポラのある街』（原作・早船ちよ）の舞台となった。映画は，鋳物工場の労働者世界とその家族を当時の社会問題も重ねながらリアルに描きだしたものである。昭和30年代の川口は，「鋳物の町」の名のとおり，鋳物工場が集中する町であった。映画の冒頭で，荒川鉄橋の上を汽車が轟音をたてて通り過ぎてゆく様が大写しになる。『鋳物の町』

95

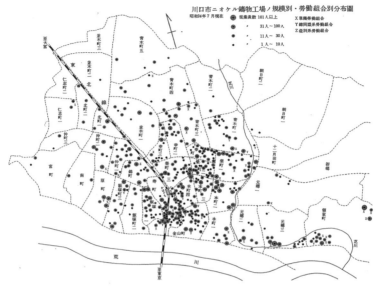

図 10-1　川口の鋳物工場分布図 1949 年
出典：尾高編 1956『鋳物の町』，281 頁

で尾高邦雄が描いた風景のままである。

　主人公ジュンは中学 3 年生で，鋳物工場で働く職人の父と母，小学 6 年生の弟らと棟割長屋に暮らしている。怪我のために失業した父は酒を飲んで酔っ払う日々にあった。労働組合は労働災害として障害保障の支援をしようとするものの，父は，労働組合が性に合わず，組合からの餞別もつきかえす。近代的工場での仕事を紹介されたが，職人としての自負心から労働者になることに反発してすぐに工場を辞めてしまった。結局，元の職場で人出不足から再雇用をもちかけられて復職する。ジュンは，貧しい家計を考え，修学旅行や県立高校進学をあきらめ，工場に就職して定時制高校へ通うことを決める。当時の高校進学率は 1960 年 57.7％で，中学校を卒業して

第 10 章　『鋳物の町』と労働調査

半数近くが仕事に就いていた。映画で描かれた父の姿は、職人対労働者、親方制度対労働組合という『鋳物の町』のテーマとも重なり、まるで「鋳物の町」調査の具体例が示されるかのような説得力がある。

　「鋳物の町」調査の方法

　「鋳物の町」調査は、1947 年 12 月の予備調査に始まり、1950 年5 月まで 2 年半かけて 3 次にわたり段階的な調査プロセスで取り組まれた組織的な共同調査である。予備調査で川口と鋳物業の歴史と社会的背景、現状を調べたうえで調査対象を設定し、三次にわたる調査へ進む。調査法としてはインタビュー調査、郵送と面接による調査票調査、ケーススタディと参与観察というインテンシブな多様な手法がとられ、数量的調査と質的調査の両方を組み合わせた調査であった。

　調査における分析の要点は、事業主の経営方針、工場内部の人間関係、従業員の職場士気や事業主に対する帰属意識等が、工場の類型、事業主の系譜、従業員の属性、労働組合の有無や性格等によっていかに異なるかを比較し、なぜにこのように異なるかを考察したところにある。尾高によれば、「鋳物の町」調査は、厳密に規定された諸変数間の関係を析出し、仮説の検証をめざす「実験的調査」ではなく、新事実の発見を主眼とする「探索的調査」であったという（尾高編　1956：13）。

【鋳物の町・川口調査】

調査期間：1947 年 12 月—1950 年 5 月　2 年半の調査
調査対象：鋳物工場の所有者兼経営者である事業主および従業員（労働者、職員）
調査テーマ：労働組合と従業員の態度、労働組合の運営と人間関係

調査プロセスの段階的進展と多様な調査法の用い方をみてみよう。

(1) プリテスト（予備調査）1947 年 12 月

調査対象とする川口の鋳物業の歴史的・社会的背景を知るために，①聞き取り調査（ヒアリング）を市役所，学校，工場，鋳物業者協同組合などでおこない，②個人面接（インタビュー）を工場主，町の有力者，古老約 50 名に実施した。

(2) 第一次調査 1948 年 2 月〜5 月

第一次調査では，工場で働く従業員調査と工場の事業主調査の二種をいずれも調査票調査でおこなった。

③従業員への質問紙調査（調査票調査）は 42 項目からなる態度調査である。実施にあたって，調査対象とする工場を抽出するサンプリングをおこなった。川口に 500 近くある全鋳物工場の従業員全体の名簿を得ることは困難であるため，従業員数と労働組合の有無によって 12 の工場に類型化し，各類型から割り当てた数の工場をランダム・サンプリングで抽出するという比例割当抽出法をとった。その結果，68 工場を選定し，各工場で全従業員を調査対象者とすると，68 工場で総計 1,054 名となった。従業員数名ずつ工場内の食堂や集会所に集まってもらい，各人に調査票と鉛筆を渡し，質問項目に○をつけ，調査員が確認をするという実施方法であった。

④工場事業主への調査票調査は，個別面接法ともいわれる，34 の工場主に対して調査票をもちいてインタビューによって調査員が回答を聞き取る方法によって，経営や労働組合への態度調査をおこなった。

(3) 第二次調査 1949 年 2 月〜8 月

⑤郵送法を用いた調査票調査をおこなう。調査可能な全工場について事業主および従業員に関する客観的資料を得るため大量観察的サーベイともいわれる調査であった。工場の系譜と事業主の経歴を知ることも目的であった。498 工場に対して，返信用封筒とともに

第 10 章 『鋳物の町』と労働調査

調査票を配布し，回収率は 87％であったという（尾高編 1956：22-
23）。

（4）第三次調査　1950 年 3 月～5 月

　一つの労働組合について，内部の人間関係，組合の運営と組合員
指導の方法，意思決定の様式等を詳細に調査するケーススタディを
おこなう。⑥個人面接を実施し，オープンエンデッド・クエスチョ
ンによって人びとの見解，信念，欲求，評価などを自由に表明して
もらった。⑦参与観察として，組合大会に出席し，親しく観察する。
約 3 か月のフィールドワークは主要な調査員 3 名で取り組んだ。

　『鋳物の町』では，尾高が概括的に調査結果をまとめた上で，杉
政孝，中野卓，松島静雄という 3 人の調査者によって，地域社会と
工場の関係，事業主の系譜と性格，従業員の構成と態度，労働組合
における人間関係が論じられている。杉は，川口における義理人情
を重視する「川口かたぎ」や川口の政治的経済的指導者の過半数が
鋳物工場主であるという市の有力者と鋳物業の関係をあきらかにし
た。中野卓は，事業主の 4 割以上が徒弟の経歴をもち，伝統的な親
方職人的性格が顕著であること，制度化された従業員組織をもたな
い工場は家内工業的な経営であることを指摘している。二人の事業
主のライフヒストリーを詳しく紹介したことは後の中野の生活史研
究につながるものとして注目される。松島静雄は，従業員 1054 名
の調査から 33％が川口市出身で，14％が鋳物業出身で，24％は事業
主と同族・親族・同郷等の関係にあること，工場の規模が小さいほ
ど従業員の職場士気が高く事業主への帰属意識が強いことなどを見
出している。さらに終章で中野卓は，労働組合の工場別組織率が約
12％であり，工場規模が小さいほど組織率が激減することをあきら
かにしたうえで，ある労働組合の人間関係の特質や実態を描きだし
ている。

　辻は，本調査をとおしてみいだされたことを 4 点にまとめている。

99

①事業主の「経営家族主義」である。人事管理も労務管理もなく「家族的に」やっているところが多くを占めている。②血縁・職縁・地縁の重層性が指摘される。労働者の70％が縁故入職であり，23.5％は事業主と「親子，兄弟，親戚，同郷の関係」にあり，43.7％の労働者は，同じ工場の仕事仲間と「親子，兄弟，親戚，同郷の関係」にある。③事業主への高い帰属意識は，高度のモラールとなっている反面，労働組合への関心の低さを招来している。④フォーマルな労働組合も，活動実態はインフォーマルな親方－徒弟関係に支配されている。

　「鋳物の町」川口で取り組んだ調査は，1950年代の産業における人間関係と労働者の態度に着目することで，近代的設備と組織をもつ大規模工場と対比して中小企業における前近代的，手工業的特徴がどのようなものであるかをあきらかにし，戦後の過渡期の労働者の姿や労働組合の実態，工場と地域社会の関係も描きだしたのであった。

社会調査者のライフヒストリー

尾高 邦雄 1908-1993

　尾高邦雄は，母方の祖父が渋沢栄一，父方の祖父が富岡製糸場の初代場長を務めた尾高惇忠，父も銀行家という日本の資本主義初期の実業家の家庭で，6人の男兄弟のうち5番目に生まれている。法哲学者であった兄朝雄が急逝したとき，その追悼記で，子どものころ毎夏，兄弟とともに箱根で過ごしたり，兄が買ってきたベートーベンやショパンのレコードのコンサートを家庭でおこなったりした思い出を綴っており（尾高1956「亡き兄朝雄の思い出」『文芸春秋』34(7)，286-293頁），兄弟の影響で研究者を志したという。東京帝国大学文学部社会学科へ進学したものの社会学に親しみがたかった尾高は，夏休みのあいだに社会学の本を徹底的に読書することで社会学への興味を見だせるかどうか試してみようと

考えた。計 41 冊を読破し，要点を書き留めたカードが八百枚くらいに
なるほど猛勉強したことで，社会学の基礎を身につけた当時のことを語
っている。1941 年，最初の著書『職業社会学』を出版した。職業をテー
マとするきっかけはマックス・ウェーバーの『職業としての学問』の読
書にあった。職業研究にくわえて，戦後まもなく，E・メイヨーとF・
レスリスバーガーらのホーソン工場実験の紹介や労働者帰属意識の調査
をとおして労働社会学，産業社会学の分野を切りひらいた。社会学者と
して尾高は，社会現象の経験的な調査研究が社会学的理論の形成にとっ
て不可欠なものとなるとして，社会調査の重要性を説いている。東京大
学教授として社会学を講じ，学生に対しては，社会学がもつ社会調査の
方法や技術に関する豊富な蓄積を学び，「在学中に一度でもよいから，
社会調査の経験を得ておくこと」を勧めている（尾高 1955「社会学につい
て」『社会科学を学ぶものへ—第二学生への手紙』同文舘，111-159 頁）。

【参考文献】

福武直 1958『社会調査』岩波書店

川合隆男 1991「社会調査方法史について」川合隆男編『近代日本社会調査史
（Ⅱ）』慶應通信，79-104 頁

松島静雄 1951『労働社会学序説』福村書店

尾高邦雄編 1956『鋳物の町——産業社会学的研究』有斐閣

尾高邦雄 1970「職業と生活共同体——出雲鉄山調査の記録から」『職業の倫
理』中央公論社，163-219 頁

尾高邦雄 1980「『職業社会学』のころ」『講義のあとで——碩学 30 人が語る学
問の世界』日本リクルートセンター出版部，275-290 頁

辻勝次 1994「戦後出発期における労働調査」石川淳志・橋本和孝・浜谷正晴
編『社会調査——歴史と視点』ミネルヴァ書房，165-194 頁

山本教憲 1954「農村工業の残存形態——西播竜野市周辺における手延素麵の
社会学的考察，とくにその労働形態について」『社会学評論』4(3)，56-71
頁

| 第11章 | 世論調査の発展 |

　終戦後まもない日本では，1945 年 10 月，毎日新聞社による全国的な世論調査を皮切りに，マスメディアや地方公共団体などが世論調査をつぎつぎと実施するようになった。1946 年 10 月に設立された輿論科学協会をはじめとして調査機関がいくつも生まれた。世論は「公衆の意見 public opinion の集合体」であるとして，「世論の尊重」が戦後民主主義の基本理念の一つとして重視された。そのような時代を背景として世論調査はさかんになった。1948 年には朝日新聞社がランダム・サンプリングをとりいれた世論調査を実施している。1950 年代になって国が世論調査の統計をとりはじめ，1956年には年間実施数 1000 件を超えるようになった。統計的に分析して結果を示す数量的調査としての世論調査は本格化した。

① 大統領選挙におけるギャラップの成功と「失敗」

　世論調査はもともとアメリカで政治と選挙との深いかかわりのなかで始まった。世論調査で試みられた手法は新たな社会調査法として確立されていった。とくにアメリカ大統領選挙は社会調査へ大きな影響をあたえてきた。ポール・ラザースフェルドらは 1940 年の大統領選挙で投票意向形成調査をおこなった。これは，オハイオ州エリー郡を事例としたインテンシヴな調査であり，この調査のなかでパネル調査法が開発された。この調査結果の分析は統計的社会調査を進展させ，コミュニケーションの理論にも寄与している（第 5章参照）。

　戦後いちはやく世論調査を解説した書として知られる『世論調

査』（吉田・西平 1956）で，アメリカ大統領選挙と調査法発展との関係が紹介されている。それによると，大統領選挙でどの候補者が当選するのかという当落予想が世論調査法の発展を押しすすめた。19世紀末より総合週刊誌を刊行していたリテラシー・ダイジェスト社は，1916年選挙のウィルソン，1920年選挙のハーディング，1924年選挙でクーリッジ，1928年選挙のフーバー，1932年のフランクリン・ルーズベルトと，5回の大統領選で当選予測を的中させた。

1936年の選挙は再選をめざす現職のルーズベルト大統領と共和党のランドン候補の争いとなった。リテラシー・ダイジェスト社は約1000万人に郵便を送り，約230万人から得た回答をもとに，ランドン候補の当選を予想した。一方，1935年にジョージ・ギャラップが設立したギャラップ社は，民間の世論調査会社の先駆けであったが，わずか3000人を調査して，ルーズベルトの勝利を予測した。結果は，ルーズベルトの再選となった。

なぜリテラシー・ダイジェスト社は約230万人もの意見をもとにした予想に失敗し，ギャラップ社は3000人の調査で予想を成功させたのか。それは調査方法の違いにあったといわれる。リテラシー・ダイジェスト社の方法は，アメリカ全国から「できるだけたくさんの人の意見を集めた方がいい」という考えにもとづいた素朴な調査法であった。リテラシー・ダイジェスト社は，①自社の雑誌の講読者名簿，②電話加入者名簿，③自動車所有者の登録簿という三つの大きなリストをつかって約1000万人へ郵便調査をおこなった。雑誌の講読者はインテリ層が多く，電話と自動車の名簿には経済的に豊かな男性が多かった。ゆえに調査対象から，下層階級，女性，若者層が抜け落ちる結果となった。

ルーズベルトは，大恐慌による経済苦境期にニューディール政策によって所得の低い層にアピールしていた。TVA（テネシー川流域開発公社）などの公共事業やワグナー法（全国労働関係法）による労

働者の権利拡大等をすすめ，1935年には第二次ニューディールとして失業者への手当給付・生活保護から雇用へと政策転換を進め，失業者の大量雇用と公共施設建設や公共事業を全米に広げた。また，当時もっとも普及していたラジオ放送を通して演説し，直接国民に訴えかけるスタイルで，メディアを巧みに利用した大統領としても知られている。ルーズベルトがおこなった毎週のラジオ演説「炉辺談話 fireside chats」は，国民への語りかけの場となり，ルーズベルトの人気を支え，第二次世界大戦中にはアメリカ国民の士気高揚の重要な方策となった。

　リテラシー・ダイジェスト社は，当落予想のためにできるかぎり数多くの人びとの意見を広く集めたつもりではあった。だが，実際には恵まれた階級の人びとの意見だけを集計することになった。大統領1期目に実施されたニューディール政策の恩恵を受けて，再選をめざすルーズベルトを支持した人たちを調査対象に含めることができなかった。それに対して，ギャラップ社は，調査対象者がアメリカの有権者全体の構造の縮図となるよう，国勢調査リストにもとづいて，州別，都市別，性別，年令別，職業階層別，人種別などの人口比率と一致するように3000人のサンプルを割り振って調査対象を設計した。ギャラップ社の予測の成功は，明確なサンプリングの考え方にもとづく調査法にあったのである。

　ギャラップ社のとった方法は割当法（quota sampling，あるいはrepresentative method ともいわれた）であった。1936年の大統領選挙を機会にサンプリングの有効性が認識されるようになる。世論調査や市場調査では割当法がさかんに用いられるようになった。しかし，ギャラップ社は，1948年，トルーマンが選出された大統領選挙の予測に失敗した。民主党のトルーマンは，第二次世界大戦末期に異例の4期目に就いたばかりで病死したルーズベルトの後を受けて副大統領から大統領になった現職候補であった。共和党デューイ候補に

対した選挙戦で，ギャラップ社はトルーマン敗北の予想をだしていた。結果はトルーマンの当選であった。

表 11-1　1948 年大統領選挙予想得票率と実際の得票率

調査機関	デューイ	トルーマン
ギャラップ	49.5%	44.5%
クロスレー	49.9%	44.8%
ローパー	52.2%	37.1%
実際の得票率	45.1%	49.5%

出典：「第 2 表 1948 年大統領選挙予想得票率」（吉田・西平 1956：30）をもとに作成

　ギャラップ社の失敗は割当法の限界ともいわれた。この選挙で割当法を使った調査機関がことごとく予測に失敗したからである（表 11-1 参照）。ギャラップ社がとった割当法の問題点は，一つにはサンプルの設計にあった。地域・性・年令・階層・人種等の項目で有権者全体の縮図となるようサンプル設計をおこなった。だが，有権者の正確な縮図ができたとしても「どの候補者を支持するか」という問題についての縮図となっていなかったのである。実際に必要なのは「だれを支持するか」という投票意向の縮図であるが，どの候補者を支持するかを割当法のサンプル項目に設けて縮図をつくることは原理的に不可能である。投票意向に関する全体の分布状態がわかるなら調査の必要はないであろう。

　もう一つの割当法の問題点は，調査実施に際して調査員の裁量による「割当」の偏りが生じやすかったことが指摘されている。割当られた対象から具体的にどの人に尋ねるかは調査員に委ねられていた。調査しやすい人に調査するという行動の結果，実際に調査を受容した人たちの学歴や収入階層が全国平均より高く偏ることになった。さらに調査不能の数の増加が問題として明確に浮かびあがらな

いという点も指摘されている。

　割当法の問題に加えて，①無回答の処理の仕方など集計分析上の問題，②予測をジャーナリズムがセンセーショナルにとりあげることによる投票行動への影響という問題もあげられている。1948年のギャラップ社の失敗から，割当法の限界を乗り越えるためランダム・サンプリングの考え方が世論調査へ導入されていくことになった（吉田・西平 1956：25-34）。

 世論調査とサンプリング

　ランダム・サンプリングは調査実施の対象を標本として抽出する調査方法のことである。調査対象とする社会や社会集団を数量的統計的にとらえたい場合，対象すべてに調査の実施が可能であるなら，全数調査をおこなうことになる。全数調査は悉皆調査ともいわれる。その代表例は国勢調査である。しかし対象が大きすぎて全数調査が難しい場合，サンプリングという標本抽出の手続きをとって標本調査をおこなうことになる。実際の調査は，問題としたい社会や集団を母集団として抽出した標本に対して実施し，標本に対する調査結果をもとにして母集団，つまりもともとの対象とする社会や集団の状態を推測するという標本調査の方法をとることになる。標本調査において重要なことは，標本が母集団を代表するように抽出される手続きを守ることである。この手続きが標本抽出法，つまりサンプリングである。

　1948年以降，国民の意見や社会意識をとらえようとする世論調査でもっともよく用いられるようになった方法がランダム・サンプリングである。割当法が有意抽出法といわれるのに対し，ランダム・サンプリングは無作為抽出法と訳されている。ランダムとは，標本抽出において確率論的な無作為の抽出を原理とする。有意抽出は確率論にはもとづかない。ランダム・サンプリングで選ばれた標

本はすべて調査しなければならない。具体的な抽出方法にはつぎの4つがあげられる。

① 単純無作為抽出法——母集団全体のリストから乱数表などを使って一定の確率で無作為に標本を抽出する方法。原理的にはシンプルであるが，リストを構成する単位すべてに通し番号をあたえる手間を要する。抽出されたサンプルが広範囲に散らばると，調査実施における困難が生じることがありうる。

② 系統抽出法（等間隔抽出法）——リストから一定の間隔で標本を抽出する方法。もしリストの記載の特徴が一定の周期性をもっていてそれが抽出間隔と同調したときには同じ特性をもつ標本ばかりが選ばれる危険性がある。

③ 層化抽出法——母集団を地域や年齢などの一定の基準にもとづいて同質な部分（層）に分けて，それぞれにおいて確率にあわせた抽出をおこなう方法。標本が特定の層に偏ってしまう偶然を未然に防ぎ，かぎられた数の標本のなかで，できるだけ推定の精度をあげるためにあみだされた工夫である。

④ 多段抽出法——いくつかの段階に分けて標本の抽出をおこなう方法。たとえば，第一次の抽出単位を市町村などの地域とし，第二次抽出単位を抽出された地域の個人とする方式がある。

実際の世論調査では，③層化抽出法と④多段抽出法の論理を組み合わせた，たとえば「層化二段抽出法」のような方式が取られることが多い。

サンプルはあくまで抽出された標本であり，母集団からのズレ（＝標本誤差）をつねに含んでいる。調査の目的は母集団全体について知ることにあるのだから，サンプルが母集団に対してどれほどズレているのか，その誤差を確かにする必要がある。誤差を明らかにする方法が統計的検定である。サンプリング誤差を明らかにすることで標本が母集団に対してどれほどの代表性をもつのかがわかる。

無作為に抽出することは，さいころをふったり，くじをひいたりする行為とおなじ確率論の問題である。たとえば無作為に選んだ1000人の調査でどれほど国民を代表できるかが問われる。抽出された標本の意見の分布は全体の意見の分布に相似していると認識されている。世論調査では「結果が確かであろう確率」，つまり「信頼できる誤差の範囲」を95％に設定している（ギャラップ1976：270-271，岩本2015：48，内閣府大臣官房政府広報室「世論調査」）。

　ランダム・サンプリングをおこなうために，母集団の名簿が必要である。これまで日本の世論調査では選挙人名簿や住民基本台帳が利用されることが多かった。しかし2003年に個人情報保護法が成立して以降，公益性が高いと認められる調査研究でないと住民基本台帳は閲覧ができなくなっている。選挙人名簿も政治や選挙に関する世論調査に利用が限定されている。21世紀になって世論調査のありかたも大きく変わってきている。

 ## 政治と世論調査の変容

1．出口調査

　政治と選挙は，世論調査の実践数のうえでもまた多様な方法のうえでもその発展を推し進めてきたといわれている。アメリカでは1960年代半ばに投票所での聞き取り調査が始まり，1970年代より本格的な出口調査が登場した。日本では1989年からテレビ局による出口調査がはじまり，1992年参議院議員選挙で全国規模の出口調査がおこなわれるようになった。

　出口調査は，選挙結果の予測と投票行動の分析を目的としている。たとえば毎日新聞の方法では，投票区を地域特性で層別に決め，調査地点を選挙の規模やコストから決める。投票を終えた投票者からあらかじめ決めた等間隔で協力を依頼し，調査票に回答してもらう。性別，年齢，投票先，支持政党という基本質問に加え，「前回の選挙

での投票先」「重視する政策」「取り組んでほしい課題」等の追加質問をおこなうこともある。携帯電話を使ったデータ送信による集計によって、投票直後の当落判定や議席予測の報道が可能になり、出口調査は、選挙報道や投票行動分析に大きな影響を与えた（福田2011）。しかし、期日前投票選挙の増加や電子投票の導入が進めば、今後、調査のありかたが問われていくだろう。出口調査は、厳密な意味では世論調査とはされないが、選挙と社会調査の関係を明白に示してくれる。

2．RDD法

毎月、内閣支持率の世論調査の結果が全国紙新聞各社やテレビ等、メディアで報道されている。この内閣支持率調査で現在、用いられているのがRDD（Random Digit Dialing）法である。RDD法とは、アメリカで開発された電話による世論調査の方法である。コンピュータでランダムにつくりだした電話番号から世帯用あるいは有権者がいるとわかった番号を分母として取り組む調査法である。実際に電話をかけて電話口で質問する方法である。

この方法は、固定電話に限られることや在宅者への質問に限られる等、さまざまな弱点が指摘されているものの、短時間で実施可能な起動性とコストの軽減、住民基本台帳や電話帳を使う必要のない利便性により急速にとりいれられるようになった。2001年から朝日新聞が実施し、2003年からNHKが導入して、現在では内閣支持率等、政治と選挙にかかわる世論調査法の主流となっている。しかし、携帯電話の普及により、携帯しかもたない若者が増加するにつれ、若者の意見がとらえられていないことがRDD法の最大の弱点といわれている。固定電話と携帯電話を組み合わせる等、携帯電話も含めたRDD調査の新しいやりかたへの試行が進んでいる。

3．世論調査法の変化

　これまでの世論調査は，その実施方法において，訪問面接法，留置法，郵送法，電話法という4つがおもな方法であり，それがまた回答のやりかたでもあった。訪問面接法は調査員が対象者宅を訪ね回答を聞き取る方法である。だが，オートロック式集合住宅の増加等により，実施がなかなか困難な時代になっている。留置法や郵送法のほうが調査対象者にとって回答する自由度があるものの，本来の対象者が回答したかどうか確認することは難しいという問題がある。電話法も，RDD法における弱点が示しているように乗り越えるべき課題に直面している。

　インターネットの普及した現代では，「ネット世論調査」が登場している。ネット調査とは，調査会社に登録しているモニターから地域・性別・年齢などを軸に対象者を選んで調査する方法である。インターネット利用の頻度の高い人が対象者となることによるバイアスが指摘されており，ネット調査は，これまでの世論調査のように国民や住民の意見を代表していると科学的にいえないといわれている（岩本 2015）。しかし，電話に出ない人の増加による調査協力者の減少する状況のなかで，とくに欧米でネット調査の活用が進んでいる。2014年9月，スコットランド独立を問う住民投票を前に実施された直前のネットを使った世論調査で独立賛成が上回っていたという結果報道がもたらしたインパクトは大きかった。ネット調査はより信頼される結果を得る方法が検討され，活用の方途をさぐる方向へ進んでいる。

第 11 章　世論調査の発展

```
社会調査者のライフヒストリー
```

ジョージ・ギャラップ George H. Gallup　1901-1984

　ジョージ・ギャラップは，1901 年アイオワ州で生まれ，アイオワ大学でジャーナリズムを学んだ。アイオワ大学大学院での Ph. D 論文は，「新聞の内容における読者の関心を決定するための客観的方法」という題目で，科学的なサンプルを用いた新聞研究であった。社会的政治的問題についての公衆の態度を測るという生涯をかけた情熱がすでにそのときにあらわれていたといわれる（アイオワ州ジェファーソンにあるギャラップの生家 The Gallup House HP 内の George H. Gallup Biography 参照）。学位取得後，ノースウェスタン大学やコロンビア大学等でジャーナリズムや広告について講じている。

　31 歳のとき，ヤング・アンド・ルビカム社に招かれ，広告調査を手がけるようになった。その年，1932 年に妻の母がアイオワ州で初めての女性の州務長官に選出される選挙がおこなわれたが，その際に予測を手がけたことが選挙予測の科学的調査の道へ進むきっかけになったという。1935 年にはニュージャージー州プリンストンにギャラップ社の前身であるアメリカ世論調査研究所 American Institute of Public Opinion を設立した。翌 36 年の大統領選挙でルーズベルト大統領の再選予測で画期的成功をおさめ，以後，世論調査の確立へ邁進した。ギャラップ社は世界的な世論調査会社へと発展した。

　ギャラップの著作は，戦前期から翻訳で紹介されており（ギャラップ 1941），戦後に著された世論調査の入門書も邦訳されている。ギャラップは世論調査だけでなく，教育活動にも熱心であった。頭脳を組織的にトレーニングすることで人間は進歩する可能性をもっていると論じて，その具体的な方法論も著している（ギャラップ 1966）。

【参考文献】

福田昌史 2011「選挙出口調査の方法と精度」『社会と調査』第 6 号，68-76 頁

ギャラップ，ジョージ，レー，ソール・F 1941『米國の輿論診断』大江専一訳，
　　高山書院

ギャラップ，ジョージ 1966『創造する頭脳——かくれた才能をいかに開発す
　　るか』南博訳，講談社

ギャラップ，ジョージ 1976『ギャラップの世論調査入門』二木宏二訳，みき
　　書房

岩本裕 2015『世論調査とは何だろうか』岩波書店

盛山和夫 2004『社会調査法入門』有斐閣

高橋徹編 1960『世論』有斐閣

戸田貞三・甲田和衛 1951『社会調査の方法』学生書林

吉田洋一・西平重喜 1956『世論調査』岩波書店

第12章　家族調査とライフコース研究

 戦前期の家族調査

　戦前期から社会科学領域ではさまざまな家族調査がなされ，1930年代には家や大家族制，同族というテーマで家族研究の成果があらわされた。有賀喜左衛門の石神村調査をはじめ小山隆による越中五箇山や飛驒白川の大家族制の調査，喜多野清一，及川宏らの同族調査，戸田貞三や鈴木榮太郎らによる分家慣行調査などをとおして，日本の伝統家族が描きだされた。

　戦前期になされた多くの家族研究のなかでも戸田貞三による『家族構成』（1937）は，方法の上でも内容の上でも新たな家族調査の視角を開拓し，重要な意義をもつ研究として位置づけられている（池岡 2003）。戸田は，家族とは「夫婦，親子ならびにその近親者の愛情にもとづく人格的融合であり，かかる感情的融合を根拠として成立する従属関係，共産的関係である」（戸田 1937：48）ととらえ，家族の特質を形態に着眼して数量的に把握しようとした。

　戸田がおこなった家族調査の方法とは，1920年に実施された第1回国勢調査における調査票から全国約1120万世帯に対して千世帯毎に一世帯ずつ抽出し，その写し1万1216世帯分を全体の千分の一の縮図としてみて，それらの世帯構成員を分析して家族構成の実態を数量的に析出する方法である。

　第1回国勢調査の実施に先立って1918年に「世帯」は「住居と家計を共にする者」と行政用語に定められ，以後，国勢調査の調査単位となった。世帯には家計を共にする同居者も含まれるため，戸

田は,「普通世帯」[1980 年まで国勢調査では普通世帯と準世帯という
用語が用いられ,普通世帯とは住居と生計を共にしている人の集まり,
または一戸をかまえて住んでいる単身者をさしていた] から,共に居住
する近親関係者だけをもって事実上の家族集団とし,世帯主と夫婦
関係,親子関係,その他の近親関係にあるものを家族構成員とみな
して,日本の家族構成の実態を詳しく分析した。

表 12-1　1920 年の家族構成員からみる家族形態

	世帯数		割合
単身者世帯　A	717		6.5%
夫婦家族　　　BCDEGH	6652		59.8%
直系家族二世代以上　FIJKLMNOPQRSTU 　　二世代　FIJ 　　三世代　KLMNO 　　四世代　PQRST 　　五世代　U	518 2950 280 2	3750	33.7%
総世帯数　　計	11119		100.0%

出典：戸田（1937：298-334）及び第 27 表（その 1）（戸田 1937：312）をも
　　とに筆者算出・作成
※ A〜U は家族構成員の世帯主からみた配偶者有無と直系親の関係にもと
　づいた戸田による分類（戸田 1937：306-309）参照

　戸田は,家族構成員の種類が世帯主の近親者 21 種類に及ぶものの,
実際の家族構成では多種の近親者を包含する家族が少ないことをあ
きらかにしている。当時,家制度のもとに直系家族制,家父長的家
族の優勢といわれた時代に,夫婦家族タイプ［夫婦と未婚の子どもか
らなる,核家族が単独で存在する形態（森岡・望月 1983：15)］の比率が
59.8％と半数以上占めていること,直系家族制なら構成されやすい
はずの三世代以上の家族は,三世代家族 26.5％,四世代家族 2.5％
と三世代,四世代家族を合わせても 3 割に満たないことをみいだし
た。

家族構成員数は平均4.5人であった。東北地方5.5人，大都市では4人未満という地域特性もふまえた数値を示して意外なほど少人数家族であったことを数量的に析出している。岐阜県白川村や徳島県東祖谷山村，熊本県五家荘などの大家族制慣行が存在した村々については個別の精査をおこない，白川村の六つの集落をのぞいてとくに大家族員数ではないこともあきらかにしている。

戦前期，同族や大家族制度をめぐる家族調査の多くがインテンシブな現地調査をもとにしたモノグラフ研究であった時代に，戸田のとった統計的方法は独創的で先駆的な調査法であった。1920年当時の日本の家族構成や形態，地域的特性等を統計的手法で数値的に解明したことの意義は大きい。

戦後の家族調査――1950年代60年代

第二次世界大戦後，民法改正［1948年施行］による家制度の廃止と夫婦家族制の採用という制度の変革は新たな家族研究の展開をもたらした。戦後の家族研究は，家・大家族・同族などの問題に焦点を合わせる戦前からの伝統家族の研究が続く一方で，アメリカの家族社会学に影響を受けて集団としての家族の研究に取り組むという二つの研究動向で進んだ。1950年代までは同族研究がさかんであったものの，多くの家族社会学者が伝統家族から現代家族の実態を追究することへ軸足を移していった。

戦後の家族研究の出発点に位置づけられるのは小山隆による「家族研究の回顧と展望」（1948）である。小山は戦前期の家族研究の総括と新たな家族調査の課題を提起している。その概観をふまえて「家族の調査は常に動態的調査でなければならない」（小山1948：91）として，具体的な事実の動態を確実に把握することをめざして，家族調査に取り組んだ。

1955年，家族問題研究会を組織して，若い家族社会学者や家庭裁

判所で家族問題に向きあっている調査官らとともに家族の実態と家族意識を問う実証的共同調査をおこなった。共同調査のテーマは，制度の変革が家族生活の実態にどのような変化をもたらしたのか，変化しつつある家族生活をとらえることにあった。その成果である『現代家族の研究——実態と調整』（小山編，1960）は，戦後の家族社会学の金字塔と評価されている（望月・目黒・石原編 1987：4）。

小山らの『現代家族の研究』は，「現代家族の実態調査」と「問題家族の分析と調整」という，前半の調査票調査と後半の事例分析の二部からなっている。前半の「現代家族の実態調査」では，調査地として，伝統的家族意識が強く残存すると思われる地域，新制度の理念にあらわれている近代的家族意識がもっともよく形成されつつあると思われる地域，および両者の中間地域を代表するものという選定基準で，東京都奥多摩町，新宿区戸山アパート，狛江市という三地域を選んだ。

1956 年から 1957 年にかけて，生活構造に関する調査票，親子関係に関する質問票，夫婦関係に関する質問票という三つの調査票を用意して，サンプリングで抽出された対象者に対して調査員による面接調査を実施している。この調査は，明快な調査趣旨，調査意図をよく反映するよう工夫された調査票，得られたデータに対して標本誤差の推計がなされていること等，データの収集と分析においてアメリカ型の計量的調査法がとりいれられ，戦前にはなかった新しい調査スタイルによる家族調査のさきがけと評されている（池岡 2003：65-68）。

調査の結果から考察されたのは，日本の家族の近代化という問題である。戦後の制度変革を受けて，拡大家族から核家族へ，制度的家族から友愛的家族へ，系譜家族から婚姻家族へ，家父長中心の集団主義から男女平等の個人主義へという巨視的流れのなかで，地域性や年齢，職業，経済階層，学歴等の条件で家族の変化にも差異が

みられることがあきらかにされた（小山編 1960：202-206）。

　他方，戦後の急激な価値体系の変化が家族生活に動揺と変化を生みだし，さまざまな葛藤現象を顕在化させていることもみいだされている。この点は，もう一つの調査，すなわち家庭裁判所の家族紛争の 9 ケースと国立精神衛生研究所における家族緊張の 30 ケースの分析によって具体的に家族の葛藤現象として記述され分析されている（小山編 1960：207-487）。

　小山らによる共同調査は，計量的方法による家族意識と事例研究法による家族問題と家族緊張の分析という二つの社会調査法を総合して，急激な社会変動と制度的変化にさらされている家族の実態をあきらかにした。戦後の家族調査の出発点として後続の家族社会学の調査モデルとなる成果であった。

③ 『家族周期論』から『日本人のライフコース』調査へ

　1960 年代になると，核家族化と小家族化の進行とも相まって，家族の役割構造や勢力構造など家族の内部構造の研究が進み，家族社会学は展開期に入った。1970 年代には，高度経済成長の過程で生じた家族意識の変容や家族問題が浮上し，家族研究は活発化する。膨大な家族研究の論文が発表され，概説書や専門書も多く出版されるようになり，家族社会学は隆盛期を迎えた。

　1970 年代の特徴の一つは，森岡清美による『家族周期論』（1973）が出され，ライフサイクルという視点から家族をとらえるアプローチが登場したことである。森岡は，戦後まもなく同族研究の視点で農村家族や真宗寺院の研究をおこなう一方で，いち早くアメリカにおける家族ライフサイクル論の動向に着目し，家族ライフサイクル研究の論文を発表していた。その過程で注目したのが，戦前期にすでに鈴木榮太郎が「農村家族の経済的浮沈の周期的律動」（『日本農村社会学原理』1940）および「日本人家族の世代的発展における周期

117

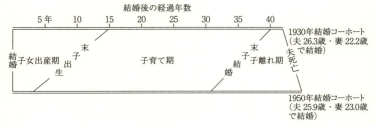

図12-1 ライフサイクル・パターンの変化
――1930年・1950年結婚コーホート比較

出典：森岡・望月 1983：123

的律動性について」(1942)において論じた農村家族の周期性である。鈴木の「周期的律動」は独創的な視点で家族の特徴をあきらかにし，戦後の家族ライフサイクル論の先駆的な視角を提起していた。

ライフサイクルは人びとの生涯にみられる繰り返しの現象をさしている。一生における繰り返しをとらえた最初の研究はラウントリーが描いた「労働者の貧困曲線」(1901)である（第3章参照）。イギリス・ヨークの労働者一生の経済的浮沈を描き，そこに周期性を示した。1930年代にアメリカの農村社会学者ソローキンが描いた農場家族の家族構成と暮らし向きの変化の研究も鈴木の「周期的律動」とおなじく家族ライフサイクルをあきらかにした先行研究であった。

家族ライフサイクルは，結婚を起点として家族が成立し，子の出生・子の結婚・夫婦の死去にいたるまで家族のライフイベントで段階を設定し推移を検討する研究である。家族ライフサイクルは，平均寿命の伸びや結婚年齢の上昇，出生児数の減少等の人口学的要因によって，変化が起こる。異なるコーホート（同時出生集団）でとらえることで歴史的変化をあきらかにできる（図12-1参照）。しかし，離婚再婚の増加等により家族の集団性が自明のものではなくなった

118

アメリカでは，家族ライフサイクルの視点では家族の実態をとらえきれなくなった。そこにライフコースという新たな視点が登場し，個人のライフコース（一生の道筋 pathway）に注目し，その相互依存のなかに家族をとらえなおそうという研究がはじまった（森岡・望月 1983 : 116-128）。

 ## 「現代日本人のライフコース」調査

　日本の家族社会学者たちは 1980 年代になって家族のライフコース研究に取り組んだ。その先頭にたったのが森岡清美であり，代表的な共同調査が『現代日本人のライフコース』（森岡・青井編 1987）である。1982 年から 84 年まで 3 年間にわたり，静岡市の人口集中地区に居住する既婚男性の三世代にわたるライフコースと世代間関係の実態調査をおこなっている。この調査は，三段階の調査設計にもとづく数量的調査と質的調査の組み合わせによる共同調査である。家族とライフコースの日米比較研究の試みが調査の契機となっていることが特徴である。戦後の家族社会学において代表的な家族調査であり，調査の段階的設計と実施や分析において学ぶところが多い。

　調査の目的は，戦後の高度経済成長を担い，現代日本を支えている中年期にある男性コーホートに焦点を合わせて，彼らの人生上の足跡をライフコース分析の立場から記述し，考察することにある。45 歳から 64 歳という中年期の既婚男性を調査対象者として彼らのライフコースと彼らの親世代・子世代との関係性を分析している。

　実際の調査対象地を静岡市に設定したのは，産業別人口統計などいくつかの統計からみて全国でもっとも平均的な都市の一つであることによる。静岡市の人口は 1980 年国勢調査によれば約 45 万 8000 人，市域は広いが，人口の 8 割が中心部から半径 2 km 内に集中していた。地域特性を考慮して 6 つの小学校区を選び，住民基本台帳から 10 分の 1 の等間隔抽出で世帯を選んだうえで，1918 年か

ら1937年生まれの配偶者のいる男性世帯主を抽出し，607世帯の夫婦を調査対象として設定し以下のような三段階で調査が実施された。

　第一次調査　1982年8月「家族生活史と世代間関係」調査票調査
　　　　一部留め置き訪問面接法により実施（有効回収数336世帯　回収率55％）
　第二次調査　1983年8月　調査票調査
　　　　第一次調査の回答者336世帯のうち親と同居あるいは静岡市内居住113ケース（有効回答70　有効回収率62％），既婚未婚の子世代と同居あるいは市内に別居の108ケース（有効回答75　有効回答率69％）に対して「人生上の重要な出来事」や世代関係，生活や家族意識の調査票調査実施
　第三次調査　1984年6月　半構造化インタビュー調査
　　　　個人のライフコースを描きだすためにインタビュー法によるケース調査（学歴，職業，協力度等から40人を選び，31人のデータを得る）

　静岡調査の結果は，(1)中年男性のライフコース，(2)家族経歴における世代関係，(3)ライフコースの日米比較という三点で分析考察された。さらに付録には10ケースのライフヒストリーが紹介されている。とくに主テーマである男性のライフコースの結果に注目したい。

　中年期男性のライフコースについては，青井和夫がライフコース上の出来事とコーホート間の差，45歳までの職業移動，戦時期の兵役とライフコースの関係等を検討している。なかでも「中年世代における成功と人生の転機」の節では，「解決困難だった出来事」と「重要な転機となった出来事」を尋ねたが，その回答の分析が興味

第 12 章　家族調査とライフコース研究

深い。「解決困難だった出来事」と「重要な転機となった出来事」は
以下のような項目があげられた（森岡・青井編 1987：179-198）。

表 12-2　ライフコース上の出来事―困難と転機―

解決困難だった出来事	重要な転機となった出来事
1　本人の転職・失業　11.7%	1　本人の転職・失業　18.6%
2　家族の大病や事故　11.7%	2　家族親族の死亡　8.5%
3　家の新改築　10.4%	3　戦争・終戦・敗戦　8.0%
4　本人の自営業開始・不振　10.0%	4　本人の初就職　7.0%
5　本人のその他の職業歴　7.4%	5　本人の大病・事故　7.0%
6　本人のその他の家族歴　5.6%	6　本人の結婚　6.5%
7　本人の大病・事故　5.6%	7　家族親族のその他の家族歴　6.0%
8　家族親族のその他の家族歴　5.6%	8　本人の進学・受験　5.5%

出典：青井和夫 1987「中年世代における成功と人生の転機」（森岡・青井編
　　　1987：179-198）をもとに筆者作成

「解決困難な出来事」も「重要な転機となった出来事」もいずれ
も「本人の転職・失業」がもっと多くあがっている。ただ，これら
の出来事の経験年齢をみると，「解決困難な出来事」は人生の後半，
「重要な転機」は前半にかたよる傾向がみられた。「重要な転機」の
経験年齢中央値は 24～35 歳に対して，「解決困難な出来事」の年齢
中央値は 34～45 歳となっている。それと，「解決困難な出来事」に
は歴史的時間との対応がはっきり出ていないが，「重要な転機」に
は終戦時の 1945 年に転機を経験したものや高度経済成長の始まっ
た 1960 年に経験したものが多いことから歴史的時間との対応がみ
いだされることも指摘されている（森岡・青井編 1987：182-183）。

　家族のライフコース研究では「世代」は鍵概念の一つである。個
人の生涯発達を重視するライフコース論において定位家族と生殖家
族を接続的にとらえることで従来の家族周期論の枠を拡充すること
になる（森岡・青井編 1987：201-202）。そこで三世代調査データから
家族経歴を概括し，世代間関係の経歴について世代的変化や連続性，

121

親世代・子世代との同居別居という居住関係や世代間の情緒関係，世代間の経済的援助や家族資産の継承を検討している。世代差としてあきらかになった点として，恋愛結婚の普及，教育程度の上昇，世代間職業移動の拡大，都市定住の増加，妻の就業，少子化等が指摘されている。21世紀における現代家族の特徴は1980年代あたりから顕著になったことがわかる。

　ライフコース研究の視点をいち早く導入して先駆的な家族調査をおこなうにあたって，森岡は，ライフコース研究の要点としてつぎの4点をあげている。

　①　個人を中心に据えていること
　②　人間の発達に注目していること
　③　個人をコーホートでまとめて観察していること
　④　歴史的出来事のインパクトを重視すること

　家族研究におけるライフサイクルの視点では平均的標準的な家族発達を設定するため標準化あるいは単純化した最頻値に近い家族のみを対象とすることになる。離婚や晩婚，再婚等による多様な家族形態が増えているのにもかかわらずそれらの多様性を包含できない研究となっていた。ライフコースの視点の導入は，個人を中心に据えたうえで，「関係によって担われまた創られていく個人」という理解に立つことで，日本における家族とライフコース研究に適っているのではないかと森岡は論じている（森岡・青井編　1987：1-14）。

　その後，1990年代にはライフコース研究は定着し，研究の数は飛躍的に増加した。「ライフコースの視点は事例研究に適用されたときその特色を遺憾なく発揮する」という森岡の言葉はライフコース調査に取り組む際に重要な指摘であろう（森岡1996：8）。

第 12 章　家族調査とライフコース研究

社会調査者のライフヒストリー

小山 隆　1900-1983
（こやま たかし）

　小山隆は，神戸で生まれ，岡山県一宮村（現・岡山市）で育ち，1924
年東京帝国大学文学部社会学科を卒業した。自伝『軌跡五十年』（1980）
に，恩師は東京文理科大学教授であった綿貫哲雄であり，卒論指導を受
け，デュルケムの輪読会に毎週参加させてもらったことを師恩として記
している。1928 年，高岡高等商業学校に赴任し，高岡の農漁村調査を手
はじめに，金沢士族の婚姻調査，そして鈴木榮太郎よりゲデス河系法の
示唆を得て，庄川を遡り五箇山と白川村の家族調査をおこなった。『越
中五箇山及び飛騨白川地方に於ける家族構成の研究』（1933）は小山の家
族研究の出発点となった。

　その後，長崎高等商業学校へ転任し，切支丹家族の調査に取り組むも
のの，戦争の時代に入り，文部省行政官となってビルマ（現ミャンマー）
へ赴任する。敗戦後，ベトナムを経て，1946 年に帰還するまで，10 年間，
学究生活から離れる。

　戦後は，GHQ 民間情報教育局 CIE で日本各地の家族調査に携わった
後，大阪大学を経て，東京都立大学，東洋大学で家族社会学を講じる。
小山は，「時代と共に曲折する軌道を走り続けてきた私のライフヒスト
リーはいわば『こまぎれ』の連続であった」（小山 1980：1）と述懐して
いるが，戦前期の庄川上流の大家族から戦後は核家族へと家族研究に取
り組む姿勢は一貫していた。自伝では 1955 年に家族問題研究会をつく
ったことがなによりうれしかったと綴っている。家族問題研究会は
1975 年より『家族研究年報』を刊行し，いまも家族問題研究学会として
現代家族の研究の中心的な場となっている。

森岡 清美　1923-
（もりおか きよみ）

　森岡清美は，三重県阿波村（現・伊賀市）に生まれ，三重県師範学校か
ら東京高等師範学校を経て，1948 年，東京文理科大学を卒業している。

123

卒業論文『日本農村社会の一類型』は鈴木榮太郎の『日本農村社会学原理』から学んだことをもとに出身地域の村々を調査し，同族結合や社会地区の構成，他地域との関係等を論じたものであった。これは後年の宗教調査や家族調査をとおして社会学的知見を切り拓いた森岡の調査活動の出発点となった。1949 年，東京教育大学が開学し，1978 年の廃学まで社会学講座で教育研究に携わった。

　1949 年から真宗教団研究を手がけ，1960 年，『真宗教団と「家」制度』を学位論文としてまとめている。真宗教団に同族的構造をみいだした研究成果により宗教社会学者として第一線に立った。その一方で，1950 年代から家族研究ではもっとも早くアメリカにおける家族ライフサイクル論の動向を紹介し，1973 年には『家族周期論』をあらわしている。さらにアメリカの家族社会学者ヒルらとの日米共同研究を進めながらライフコース論へ進む。そのなかで森岡がもっとも影響を受けた研究の一つがアメリカの文化人類学者 D・W・プラースの『日本人の生き方』（1985）であり，プラースが用いたコンボイ（「人生行路を歩む道づれ」の意味）という概念であろう。『真宗大谷派の革新運動——白川党・井上豊忠のライフヒストリー』（2016）においてもコンボイはキーワードとなっている。森岡は，伝統家族と現代家族研究の両方の展開の結節点にあった家族社会学者として，そして宗教社会学者として戦後の日本の社会学界をリードし，数多くの著作や論文をうみだしてきたが，それらは堅実で丹念な調査活動に裏付けられた成果であることで一貫している。

【参考文献】

池岡義孝 2003「戦後家族社会学の成立と家族調査」社会科学基礎論研究会編『年報社会科学基礎論研究 第 2 号 社会調査の知識社会学』ハーベスト社，61-77 頁

小山隆 1948「家族研究の回顧と展望」民族文化調査会編『社会調査の理論と実際』青山書院，74-92 頁

小山隆編 1960『現代家族の研究——実態と調整』弘文堂

小山隆 1980『軌跡五十年――一社会学徒の記録』御茶の水書房

光吉利之・松本通晴・正岡寛司編 1986『リーディングス日本の社会学 3 伝統家族』東京大学出版会

望月嵩・目黒依子・石原邦雄編 1987『リーディングス日本の社会学 4 現代家族』東京大学出版会

森岡清美・望月嵩 1983『新しい家族社会学』培風館

森岡清美・青井和夫編 1985『ライフコースと世代』垣内出版

森岡清美・青井和夫編 1987『現代日本人のライフコース』日本学術振興会

森岡清美 1996「ライフコースの視点」『岩波講座 現代社会学 第 9 巻 ライフコースの社会学』1-9 頁

森岡清美 2012『ある社会学者の自己形成――幾たびか嵐を越えて』ミネルヴァ書房

森岡清美 2016『真宗大谷派の革新運動――白川党・井上豊忠のライフヒストリー』吉川弘文館

戸田貞三 1937『家族構成』弘文堂書房

戸田貞三 1960「社会調査」民族文化調査会編『社会調査の理論と実際』青山書院, 1-8 頁

第13章 生活史からライフストーリーへ

1 社会調査と生活史法

　現在，刊行されている社会調査法のテキストのどれかを手にとって開いてみると，社会調査を数量的調査と質的調査と二種に大別したうえで，質的調査の方法としてライフストーリー，ライフヒストリー，生活史という「ライフ／生活」を冠した方法のいずれかがあげられているだろう。本章では，これら「ライフ／生活」のつく社会調査の方法について系譜をたどりながら，どのような特徴をもつ方法として社会調査のなかに位置づけられるのか学んでみよう。最初に社会調査に登場したのは生活史法である。

　生活史法は，日本における社会調査論のスタート時点より社会調査法のなかに位置づけられている。1933年に出版された日本で最初の本格的な社会調査論の書物として知られる『社会調査』のなかで，戸田貞三は社会調査の種類を「全体調査」「部分調査」「個別調査」という3種に分けて，「個別調査」の一つとして生活史法をあげている。「全体調査」と「部分調査」はいま全数調査と標本調査と呼ばれる数量的調査を，「個別調査」とは質的調査をさしている。当時より数量的調査と質的調査という二種に大別される社会調査のなかで生活史法は質的調査法として論じられていた（戸田 1933：225-264）。

　戸田によれば，個別調査法は事例研究法ともいわれ，量的還元のできない事象について調査する方法である。一個人，一家族または一定地域の人びとについて記述的に詳細な調査をする方法でもある。

第 13 章　生活史からライフストーリーへ

この調査法が用いられるのは，調査対象が数量的に把握できないとき，そして個人の個性のような主観的心理的要素が多く含まれ，反復性が少なく，量的還元が容易にできない事象を調査するときである。

　生活史法は，個別調査の方法として臨床的方法とともにあげられている。生活史法とは自己の私生活について記述した記録，たとえば手紙や日記等について間接に調査をおこなう。臨床的方法とは個人の私的生活もしくは私的経験について直接調査をおこない，直接当人もしくはその関係者に面接して，その人間の生活態度を観察調査する。1920 年から 21 年にかけてシカゴ大学に留学し，最盛期を迎えつつあったシカゴ学派から多くを学んだ戸田は，トマスとズナニエツキによる『ヨーロッパとアメリカにおけるポーランド農民』（1918-1920）というシカゴ学派の代表的な作品を生活史法として，クリフォード・ショウの調査を臨床的方法として紹介している。『ポーランド農民』のなかでとりあげられている手紙や自伝，日記など私的生活あるいは私的経験の記録は社会学的資料として分析研究の対象となっており，「個人の生活記録」の利用可能性も指摘されている。

　戸田は，家族社会学研究で第 1 回国勢調査の結果をもとにした数量的分析による家族構成をあきらかにしており，数量的調査を志向していた。だが，社会調査論としては当初から質的調査と数量的調査をともに紹介し，「個人の生活史にもとづく個別的調査法と大量観察にもとづく統計的調査法とは相互に補い合うべき性質のもの」（戸田 1933：262）として質的調査法と数量的調査法の相互補完性を説いている。

　1930 年代後半から戦時期のあいだ，日本の社会調査は後退していったものの，1930 年代にすでに社会調査の体系的な紹介と，ロバート・パークの言葉を引用しながら，「主観的事実を調査するため

127

にはぜひともその人間の生活史についてあるいは間接的に，あるいは直接的に個別的調査をおこなう必要がある」（戸田1933：264）として生活史法を勧めていたことは社会調査の系譜の出発点としておさえておきたい。

 ライフヒストリー法リバイバル――個人の社会学的研究

1．中野卓編『口述の生活史』（1977）

戦後，社会調査に対する関心が高まり，1950年代から60年代にかけて社会調査法のテキストがあいついで出版された。その先陣を切って，戸田は，1951年に1933年刊行の『社会調査』を改訂した『社会調査の方法』を甲田和衞との共著であらわした。『社会調査の方法』は，その基本的な構成について『社会調査』を踏襲しているものの，甲田によって標本調査法の章が新たに設けられ加筆された。戦後の社会調査が調査票調査や統計的分析により重きがおかれる数量的調査法が主流となった動向を反映している。

1970年代後半，いまだ数量的調査法は全盛期にあったが，生活史はライフヒストリー法リバイバルとして再興する。きっかけは1977年に中野卓があらわした『口述の生活史』にあった。

中野は1971年から72年にかけて岡山県水島工業地帯公害調査に取り組んだ際に一人の女性に出会った。当時，水島工業地帯では大気汚染と海水汚染による公害が深刻化し，工場地帯に隣接する農漁村住民の公害反対と集団移転の要求運動がおこっていた。東京教育大学社会学研究室の学生たちとともに倉敷市より委託された地域住民の生活と意識に関する実態調査を中野らは調査票調査（質問紙調査）によって実施した。その際，調査票をもって訪問調査した学生調査員からある高齢女性が「集団移転」について「弘法さんが引っ越しされない限り私は移転するつもりはありません」と答えたという報告を受けた。中野は，独自の考えを持つその女性に会って，彼

第 13 章　生活史からライフストーリーへ

女の自主的判断の意味と自主性の由来をあきらかにしたいと考えた。

　1974 年 2 月，念仏講の夜に大師堂で初めてその女性・内海松代さん（仮名）に会う。翌年には自宅を訪ね，75 年初めまで数回にわたって彼女のライフヒストリーを聞き，録音した。1977 年に内海さんの語ったライフヒストリーを『口述の生活史』として出版した。中野によれば，この書は「ライフヒストリーによる個人の社会学的な研究提唱の，いわば私の宣言ともいうべきもの」（中野 1994）となった。

2．個人の社会学的研究

　中野は東京大学で戸田貞三に社会学を学び，第 10 章で紹介した「鋳物の町」調査に加わり，戦後の数量的調査の最盛期のなかで多くの社会学的調査研究に取り組んだ。しかし，しだいに調査票調査（質問紙調査）による数量的分析ではとらえがたいものがあることに気づき，人間を把握しそこねているのではないかという強い批判をもつようになった。人間と人間との出会いという自覚にもとづいたインタビュー調査を通して人間個人を理解するライフヒストリー研究へ進んでいった。

　その後，中野は，トカラ列島の男性［『離島トカラに生きた男』（1981・1982）］やハワイの日系一世女性のライフヒストリー作品［『日系女性立川サエの生活史』（1983）］をあらわし，日記や自分史というパーソナルドキュメントの作品化も続々とおこなった。母の日記をもとにした作品（『明治四十三年京都，ある商家の若妻の日記』1981），自身の日記をもとに『中学生のみた昭和十年代』（1989），そして研究者自身の自分史（『「学徒出陣」前後　ある従軍学生のみた戦争』（1992））を刊行してライフヒストリー研究に邁進した。

　『口述の生活史』の視点は，抽象化されない現実の個人，個性をもった個人の社会学的な研究を展開したいという考えにもとづいて

129

いる。中野は，ライフヒストリー研究に取り組む立場を「個人の社会学的調査研究」として提起した（中野 1981a，中野 1981b）。個人の社会学的研究とは，一つには，個人のモノグラフ的研究であること，いま一つは，個性ある人間の社会的形成へ社会学的視点を向ける研究であることが特徴である。個人と社会が相互規定されるという相互性をふまえて個人から社会へ接近しようとする試みである。個人によって異なる人生の状況のなかで価値や規範，知識や情緒，信念や信仰などが再構成され，いかに複雑にその人の個性を作りあげてきたのかをあきらかにする研究である。

　中野による一連の個人生活史研究は，社会学におけるライフヒストリー研究，そして新たな質的調査法を切り拓く転換点となった。とくに二つの点が特徴的である。一つは，ライフヒストリー法リバイバルが国際的な社会学の動向と共時性をもつことである。欧米の社会学者たちは 1978 年に国際社会学会で「Biography and Society バイオグラフィと社会」というライフヒストリー／ライフストーリー（ドイツ語圏ではバイオグラフィ）の社会学的研究グループを立ちあげた。たとえばイギリスの社会学者ケン・プラマーが『生活記録の社会学』（1983／邦訳 1991）で述べたような，人間の動向を数字で置き換えたり，大量にまとめて把握したりするのではない，個人の復権をめざす「人間主体の社会学」研究への志向と重なるものである。個性をもった個人を社会学的に研究することの重要性は多くの国々の社会調査でも認識されはじめていた。

　いま一つ，中野のライフヒストリー作品化のスタイルがその後に大きな影響をあたえていることを指摘しなければならない。作品の「編著」というスタイルは，ライフヒストリーが調査対象者／語り手と調査者／聞き手による共同制作であるという視点を明確に示した。中野は録音したライフヒストリー・インタビューを自らトランスクリプト作成し，時系列で再構成しつつ，語り口を生かす，そし

第13章　生活史からライフストーリーへ

て地図や写真，親族図などをもちいて語りを補うという作品スタイルを確立した。このスタイルは，あとにつづくライフヒストリー法に一つのモデルとなり，ライフヒストリーを社会学的認識論もふまえてとらえなおす試みが続いていくことになった。

　ライフストーリー法の可能性

1. ライフストーリー法へ

　国際社会学会で新しい質的調査研究を切り拓いた「バイオグラフィと社会」研究グループの中心的存在であったフランスの社会学者ダニエル・ベルトーは，1960年代終わりから70年代にかけてパン屋のライフストーリー研究に取り組んだ。当時，フランスでも数量的調査の全盛期であったが，あえてなぜライフストーリーに着目したのか，ライフストーリー法を論じた『ライフストーリー——エスノ社会学的パースペクティヴ』（1997／邦訳2003）のなかでその理由をこう述べている。社会が「具体的な人間」で構成されていることを社会学者たちが忘れていることに気がついたからであると。「具体的な人間」によって社会はつくられていることに立ち返るとき，「具体的な人間」を考える方法としてライフストーリーに行き当たったという。

　パリの街角にはいまもあちらこちらにパン屋がある。多くのパン屋では店の奥で主人がパンを焼き，マダムが店頭に立ってパンを売っている。このような職人的パン屋は，厳しい徒弟修業を経てパン職人になり，長時間労働と低賃金に耐えながら，やっとパン屋をもつことのできた人たちである。パン屋の仕事は過酷であるのに，なぜ職人的パン屋がいまも生き残っているのか。「フランス人はおいしいパンが好きだから」という説明では納得できなかったベルトーは，「具体的な人間」としてのパン職人，パン屋主人とパン屋のマダムのライフストーリーを聞く調査に取り組み，パン屋を支えるメ

131

カニズムをあきらかにしている。その際に調査対象者を求めた方法がスノーボール・ストラテジーである。一人の対象者を起点として同じ属性をもった人を紹介によってたどっていく方法であり，機縁法ともよばれる方法である。

　社会調査でライフストーリー法をとる場合，この方法が生かされるのはどのような人を対象とした場合であろうか。ライフストーリーを語ってもらう「具体的な人間」は，なんらかの当事者であり，その社会的属性が主題化される人である。ベルトーのようにパン屋の場合も，イギリスの社会学者ケン・プラマーのように性的多様性を体現する人たちの場合もある。あるいは戦争体験者，移民，非行少年，慢性疾患者，マイノリティなどのように，歴史的出来事を体験した人，問題経験を抱えている人のライフストーリー研究にはすぐれたものが多くある。これまで注目されなかった少数の人たち，あるいはある事件や出来事の体験者の経験をあきらかにするにはライフストーリー法がきわめて有効な手法になるだろう。

　他方で，ライフストーリー法は「ふつうの人びと」も対象としている。アメリカの文化人類学者Ｄ・Ｗ・プラースは『日本人の生き方——現代における成熟のドラマ』(1985)において1970年代の日本社会で中年期を生きる男女の成熟の諸相をあきらかにした。「ごくふつうの日本人の人生」を描きだすためにプラースがライフストーリー・インタビューの対象者に選んだのはどの人も「ふつうの人びと」であった。

　ライフストーリー法はどんな研究テーマや調査対象でも有効であるわけではない。ライフストーリーを十分に生かすのにふさわしいテーマや対象があり，その問題意識のもとで取り組まれるべきである。ライフストーリーの特徴を理解すると，自分が取り組みたいテーマにとってライフストーリー法がふさわしいアプローチであるかどうかがみえてくるであろう。これまでのライフストーリー法の成

第13章 生活史からライフストーリーへ

果からあきらかになったライフヒストリー／ライフストーリー法に
ふさわしい対象としてつぎの4点をあげておこう。

① 個別性と具体性をとらえることが重要な対象
② 伝記的バックグラウンドを知ることが重要な対象
③ 時間的変遷や経年変化を知ることが重要な対象
④ 意味づけや解釈を知ることが重要な対象

ライフヒストリー／ライフストーリー法は質的調査の方法として
対象とされるこのような個人の生きる場に降り立ち，その個人の視
点に迫ろうとする手法であり，個人的経験をとらえようする手法な
のである。

2．ライフストーリー法の展開

ライフヒストリーとライフストーリー。どちらにも冠されるライ
フには生活や生命，人生や生涯という意味がある。戸田貞三はライ
フを生活ととらえ，ライフヒストリーを生活史と訳した。生活史は，
1980年代までには社会調査における生活史法あるいは生活史調査
という社会調査法として定着した。戦後の生活調査を概観した木本
喜美子によると（木本1994），1950年代から60年代にかけて断続的
におこなわれた江口英一の貧困調査，1960年代から70年代の鎌田
とし子らの室蘭調査，『地域産業変動と階級・階層』（1982）で示さ
れた多数の炭坑労働者の生活史をとらえた布施鉄治らの夕張調査等，
『口述の生活史』以外にも実証的研究において生活史調査はおこな
われてきた。とりわけ，一橋大学の石田忠が1960年代半ばから取
り組み，最初の成果が1973年に『反原爆——長崎被爆者の生活史』
として出版された被爆者調査は，被爆者の生活史調査から原爆の人
間的意味を問うことをめざしたものであった。その出発点に一人の
被爆者との出会いがあり，その生活史をとおして「原爆体験の思想
化」の営為があきらかにされた。

133

ライフヒストリー法リバイバル以降は，生活史に加えて，個人史，口述史，語り，証言，生活記録，人生の物語，自分史，自伝や伝記，ライフヒストリー，ライフストーリー，ナラティヴ，オーラルヒストリーなど，社会学的立場の違いが含意されたさまざまな用語が流通している。さらにそこには現象学的社会学や解釈学，ナラティヴ論や自己論，相互行為論やエスノメソドロジー，構築主義等，社会学における理論的動向も反映されている。このような1990年代以降の動向もふまえて，本章ではライフヒストリーが個人の歴史性を重視し，ライフストーリーが物語としてのライフの観点を重視したものととらえている。いずれも個人の「生きられた経験」が表現された個人の語りとして，包括的にそしてときに互換的に用いられるという立場にたっている。どの用語を用いるにしても重要なことは，具体的な人間の喜怒哀楽に満ちた生活，豊饒な個性的な人生，多様な生き方をどのように描きだせるか，そして「個人の社会学的研究」を展開するためにいかに有効であるかを示すことにあるだろう。

人のライフに照準し，個人の経験をとらえようとするライフストーリー法は2000年代になってさまざまな調査で用いられ，すぐれた作品を生みだしており，今後も一層の展開が期待されている。そこで調査実践の留意点としてつぎの三点をあげておこう。

第一には，ライフストーリー法はコミュニケーション行為を含んでいることである。ライフストーリーを得るには，生身の「具体的な人間」と相対して，そこで人間的なつながりをもつ。つまり，インタビューという直接に対峙する場があり，それはコミュニケーションの場である。このことはライフストーリーが調査者と調査対象者の相互行為によることも意味している。パーソナルドキュメントとしての書かれたライフストーリーであっても，ライフストーリーを読む，理解するという行為はコミュニケーション行為である。

第二には，解釈的であることに特徴がある。自己の経験をあらわ

すこと，ライフを表現することは解釈的行為である。そしてライフストーリーをとおして他者のライフを理解すること，生きられた経験をとらえようとすることもまた解釈的行為である。語られたライフストーリーを分析し解釈することがライフストーリー研究の中核となる。

　第三に，ライフストーリー法は帰納的であり個性記述的であることも特徴である。帰納的とは演繹的に対して対立的にもちいられる概念であるが，対象に法則や原理をあてはめるのではなく，「具体的な人間」の個別の事例からなにか特性や一般的なことを引き出そうという志向をさしている。F・ズナニエツキは具体的な事例から一般化をめざすやりかたを「分析的帰納法」として論じている（ズナニエッキー 1971）。さらに個性記述的とは，G・オルポートがパーソナルドキュメントについて論じたように（1942／邦訳 2017），法則定立的と対極的な研究志向であり，個別性を重視し個性をとらえあきらかにすることをめざす立場である。ライフストーリー法は，個人の個別の経験に照準しているという点からみれば発見的（heuristic）手法であり，別の言い方では，検証ではなく探索的であり，「発見（discovery）」をめざす手法ともいわれる。

　「人間主体の方法」としてのライフストーリー法は，人間が人間に向かい合う手法である。「ひとがひとに会う」場にたいしてインタビュー論からの注目があり，自己の経験をいかに構築するのかという点で構築主義の影響も受けている。理論的な動向も視野にいれて考えるとライフストーリーに主軸をおいた研究の奥深さが一層理解されるであろう。ライフストーリー法から「具体的な人間」をいかに豊饒に描きうるか，実際にこの方法を実践してみることで「個人の社会学的研究」の展開の可能性が広がるだろう。

社会調査者のライフヒストリー

中野 卓 1920-2014

中野卓は京都の大和大路五条で江戸時代より代々薬屋を営む商家に生まれた。京都第二中学校の在学中には民俗学同好会に所属し，民間伝承を聞き取る方法を学んでいる。東京帝国大学へ進学後，1942年冬から学徒出陣で入営する直前の1943年夏にかけて，京都で実家の暖簾内に分け入った調査をおこなう。1946年に戦地から復員したとき，五条通りの拡幅のため強制立ち退きにより実家は解体され，出征前に預けた調査資料は東京大空襲で灰となっていたことを知る。

戦後，東京大学の大学院生として戸田貞三のもとで学び，ふたたび商家の研究に取り組む。都市商家の同族関係を家連合として詳細にあきらかにした『商家同族団の研究――暖簾をめぐる家と家連合の研究』（未來社，1964）として結実した。同族結合や家連合の研究においては東京教育大学で有賀喜左衛門から大きな影響を受けている。1947年から54年にかけて，「鋳物の町・川口」調査，八学会連合による対馬漁村調査，つづいて能登漁村調査をおこない，三鷹機械下請け工場調査など多くの調査を実施する。1971年より水島工業地帯での調査から日本における生活史研究の金字塔となる『口述の生活史』が生まれ，中野のライフヒストリー研究の第一弾となった。1995年には桜井厚と共編著で『ライフヒストリーの社会学』を刊行し，ライフヒストリーという方法論の理論化にも取り組んだ。

[関根里奈子]

石田 忠 1916-2011

石田忠は1916年島根県で生まれ，東京商科大学の山中篤太郎のもとで社会政策を学ぶ。1940年に卒業，戦時下では芝浦製作所への入社後，まもなく召集された。復員後の1949年から厚生省において貧困調査にたずさわり，1953年にはイギリスの貧困研究史・救貧制度史研究の史料収集のため渡英する。翌1954年，帰国後に北海道大学助教授へ転身し，

北海道の農村社会に関する貧困研究・調査を学術論文として発表していく。1957 年に一橋大学へ着任。ラウントリーのヨーク調査やチャールズ・ブースのロンドン調査，ウェッブ夫妻の労働組合研究などをめぐる社会調査史研究を通して，中立的な技術論に対し調査者の立場や問いそのものを批判的に問う方法や自身の社会調査家としての課題の措定へと至った。

1965 年，厚生省による「原子爆弾被爆者実態調査」に隅谷三喜男・中鉢正美と共に携わったことを契機に，被爆者の精神的荒廃をめぐって批判を展開する（「原爆被害者の〈立場〉」1968）。『反原爆——長崎被爆者の生活史』（1973-4）において長崎県の詩人福田須磨子の生活史を軸に，〈原爆〉と人間を対置し〈漂流〉の必然性と〈抵抗〉の可能性とを統合する「反原爆の思想」を結実させた。また，日本原水爆被害者団体協議会専門委員を務め，1977 年の NGO 主催国際シンポジウムでは生活史調査を担当するなど社会運動との連携にも尽力した。　　　　　　［徳安慧一］

【参考文献】

オルポート，G・W ［1942］2017「個人的ドキュメントの活用」『質的研究法』福岡安則訳，弘文堂，9-294 頁

ベルトー，ダニエル ［1997］2003『ライフストーリー——エスノ社会学的パースペクティヴ』小林多寿子訳，ミネルヴァ書房

石田忠編 1973『反原爆——長崎被爆者の生活史』未來社

石田忠編 1974『続 反原爆——長崎被爆者の生活史』未來社

木本喜美子 1994「生活調査の戦後的展開」石川淳志・橋本和孝・浜谷正晴編『社会調査——歴史と視点』ミネルヴァ書房，195-220 頁

小林多寿子編 2010『ライフストーリー・ガイドブック——ひとがひとに会うために』嵯峨野書院

中野卓編 1977『口述の生活史——或る女の愛と呪いの日本近代』御茶の水書房

中野卓 1981a「個人の社会学的調査研究について」『社会学評論』32 巻 1 号，2-12 頁

中野卓 1981b「個人生活史の方法論」『月刊百科』平凡社，1981年10月号，16-19頁

中野卓 1994「私の生涯における研究課題と方法」（中京大学社会学部最終講義 1994年12月21日）［加筆改題 中野 2003：133-150］

中野卓・桜井厚編 1995『ライフヒストリーの社会学』弘文堂

中野卓 2003『中野卓著作集生活史シリーズ1巻 生活史の研究』東信堂

プラース，D・W［1980］1985『日本人の生き方——現代における成熟のドラマ』井上俊・杉野目康子訳，岩波書店

プラマー，ケン［1983］1991『生活記録の社会学——方法としての生活史研究案内』原田勝弘・川合隆男・下田平裕身監訳，光生館

桜井厚・小林多寿子 2005『ライフストーリー・インタビュー——質的研究入門』せりか書房

戸田貞三 1933『社会調査』時潮社

戸田貞三・甲田和衞 1951『社会調査の方法』学生書林

ズナニエッキー，F［1934］1971『社会学の方法』下田直春訳，新泉社

事 項 索 引

●あ行

RDD 法　　109, 110
浅草調査　　67, 70-72
アチック・ミューゼアム　　81, 82, 85
アメリカ大統領選挙　　41, 102, 103

家連合　　80, 85, 136
生きられた経験　　134, 135
石神村調査　　80, 81, 85, 113
移動観測　　73
インタビュー調査　　97, 129

エスノメソドロジー　　134
演繹的　　135
エンゲル係数　　14
エンゲルの法則　　14

大原社会問題研究所　　7, 63-65, 71, 78
オープンエンデッド・クエスチョン
　　99
オーラルヒストリー　　134
オピニオンリーダー　　43, 44

●か行

解釈学　　134
解釈的行為　　135
回収率　　99, 120
甲斐国現在人別調　　48, 58
街路調査　　69
確率論　　106, 108
家計簿　　13, 21
仮説検証型の調査　　33
仮説的理論　　91
『家族周期論』　　117, 121, 124
家族モノグラフ　　12, 13
家族問題研究会　　115, 123
家族ライフサイクル　　118, 119

家族ライフサイクル研究　　117
家族ライフサイクル論　　89, 117, 118,
　　124
家庭裁判所　　117
簡易調査　　60
観察記録　　12, 13, 73, 77
間接的面接法　　18

機縁法　　132
聞き取り　　53, 98, 88, 108
聞き取り調査　　98
帰納的　　135
ギャラップ社　　103-105, 111
行政調査　　47, 48, 54
記録文学の方法　　55
銀座の人波分析　　74, 75

具体的な人間　　131, 132, 134, 135

経験社会学　　ii
経験的調査研究　　29
『警視庁統計書』　　69
系統抽出法（等間隔抽出法）　　107
計量的調査法　　116
ケーススタディ　　97, 99
ゲス　　87
ゲデス河系法　　89, 123
原子爆弾被爆者実態調査　　137
現象学的社会学　　134
現代世相研究　　78
現地調査　　6, 12, 13, 15, 16, 38, 52, 53,
　　55, 82, 115

工業統計　　47
考現学　　78
考現学調査　　73, 74, 76, 77
考現学的手法　　73
口述史　　134

139

『口述の生活史』　128, 129, 133, 136
工場法　56, 64
工場労働調査　69
構築主義　134, 135
コーホート（同時出生集団）　118-120,
　122
国際社会学会　130, 131
国際統計協会　58
国勢調査員　59, 60
国勢調査申告書　59, 60
『国勢調査速報』　60
戸口調査　47
個人史　134
個人情報保護法　108
個人的ドキュメント　31
個人伝記の作製　87
個人の社会学的研究　128-130, 134,
　135
個人の生活記録　31, 127
個人のモノグラフ的研究　130
個人面接（インタビュー）　98, 99
個性記述的　135
戸籍表　58
個別調査　126, 127
　──の方法　127
個別調査法　126
個別的調査法　70, 127
個別面接法　98
コミュニケーション行為　134
コミュニケーションの二段階の流れ
　43, 44
娯楽調査　64, 71

●さ行

裁判記録　30, 31
最頻値　122
細民調査　58, 63
坂祝村調査　85, 86, 89
産業別雇用者数　62
サンプルの設計　105
参与観察　30, 32, 33, 38, 39, 45, 53, 70,

73, 97, 99
参与観察調査　68
参与観察法　39

GHQ 民間情報教育局 CIE　89, 91, 123
GDP（国内総生産）　62
シカゴ学派　28, 29, 31-35, 37, 39, 40,
　127
自計式調査　41, 59
自計式調査票　40
市場調査　104
自然村　80, 85, 86
視聴率調査　1
悉皆調査　59, 106
実験室　29
実験的調査　97
実証的共同調査　116
質的社会調査　13
質的情報　19
質的調査　ii, 28, 97, 119, 126, 127, 131,
　133
質的調査法　32, 126, 127, 130
質的データ　30, 31
質問紙調査　98, 128, 129
自伝　ii, 30, 35, 79, 123, 127, 134
自分史　129, 134
下伊那諸村調査　85
社会改良運動家　12
社会学的仮説　33
社会学的労働調査　92
社会観察　54, 55
社会経済学実践研究国際協会　13
社会経済学会　13, 16
社会地図　69, 71
社会調査教育　8
社会調査史　8, 45, 46, 91
社会調査史研究　137
社会調査の社会科学化　6
社会問題の発見　23, 55
住民基本台帳　108, 109, 119
住民投票　110

事 項 索 引

縮図　104, 105, 113
準世帯　114
証言　134
消費組合調査　64
消費者調査　1
消費動向調査　62
将来推計人口　61
職業調査　18, 26
食事日記　21
女工調査　63
女性の洋装率　74
女性服装調査　77
『職工事情』　47, 56, 64
資料収集　53
事例研究法　117, 126
事例分析　116
人口調査　10, 11, 58, 62
人口動態統計　47
人口分布　62
人口密度　62
壬申政表　48
人生の物語　134
新聞記事　30, 31
新聞調査　14
辛未政表　48

水上生活者調査　63
数量的社会調査法　6
数量的調査　97, 102, 119, 126-129, 131
数量的方法　32
ストリート・ファッション・マーケティング　77
スノーボール・ストラテジー　132

生活記録　134
『生活記録の社会学』　130
生活構造　116
生活史　30, 31, 99, 120, 126-130, 133, 134, 136, 137
生活史調査　133, 137
生活史法　126-128, 133

生活調査　18, 133
製表社　48
生命表　62
生命保険事業　62
世帯　48, 59-62, 80, 109, 113, 114, 119, 120
世代　83, 114, 117, 119-122
選挙人名簿　108
全国土地調査　47
全数調査　20, 59, 106, 126
全体調査　126

層化抽出法　107
層化二段抽出法　107
相互行為論　134
「素麺師」調査　92, 93

●た行

第一次貧困　20-22
第一次貧困線　21, 22
大家族制　81, 82, 113, 115
　　──の調査　113
態度調査　98
第二次貧困　20, 21
大量観察的サーベイ　98
他計式　40
太政官正院政表課　48
「タタラ親方」調査　92, 93
多段抽出法　107
探索的調査　33, 97
単純無作為抽出法　107

長期滞在型の参与観察　38
調査遺産　i
調査区フレーム　62
調査項目　21, 48, 59, 60, 65, 71, 86
調査の段階的設計　119
調査票調査　40, 97, 98, 116, 120, 128, 129
調査節　58
町内会調査　63

141

賃金調査　64

月島調査　63, 65, 67-71, 78

定点観測　68, 73, 77
手紙　30, 31, 127
出口調査　108, 109
伝記　87, 134
伝記的バックグラウンド　133
電話法　110

東京市社会局　63
『東京市人口動態統計小票』　69
『東京市勢調査原表』　69
『東京市統計年鑑』　69
東京大学社会科学研究所　92
東京統計協会　48
統計調査　14, 57, 62, 68
統計的検定　107
統計的社会調査　14, 102
統計的調査　37, 38, 41, 127
統計的データ　32, 71
統計的方法　6, 20, 65, 115
『統計年鑑』　47
同時観測　73, 77
同族調査　113
投票意向調査　41-43
投票行動のターンオーバー　43
投票行動分析　109
都市エスノグラフィ　31, 33
都市コミュニティ調査　70
「友子」調査　92, 93
留置法　110

●な行

内閣支持率　1, 109
内職調査　63
内務省衛生局「保健衛生調査会」　68
長政調査　85
名子　81-84
　——の賦役　88

ナラティヴ　134
ナラティヴ論　134

日本政表　48
『日本全国戸籍表』　47
『日本帝国民籍戸口表』　67
日本統計協会　49
『日本統計年鑑』　48
『日本府県民費表』　47
乳児死亡率に関する調査　64
人間観察　14, 15
人間主体の社会学　130
人間主体の方法　135

ネット世論調査　110
ネット調査　110
年齢階級別人口　61
年齢別人口　62

農業労働調査　14
『農事調査表』　47
『農商務統計表』　47, 52, 54
農村社会調査法　80, 85, 86
農村調査法　86
農民組合調査　64

●は行

パーソナル・インフルエンス　43
パーソナルドキュメント　30, 31, 129, 134, 135
Biography and Society バイオグラフィと社会　130, 131
発見（discovery）　135
発見的（heuristic）　135
パネル調査　42
パネル調査法　102
半構造化インタビュー　120
審書調所　48

非・参与型の観察行為　73
ピッツバーグ・サーベイ　37

事項索引

被爆者調査　133
ヒューマン・ドキュメント　31
標本誤差　107, 116
標本抽出　106
標本調査　62, 68, 91, 106, 126, 128
比例割当抽出法　98
貧困概念　20
貧困曲線　20, 22, 118
貧困線　19
貧困地図　19
貧困問題　25, 51

フィールドワーク　ii, 29, 31, 34, 53,
　55, 67, 69-71, 78, 99
府県物産表　47
普通世帯　114
ふつうの人びと　132
部分調査　126
プラグマティズム　34, 35
プリテスト　98
浮浪者調査　63
分家慣行調査　85, 113
文献資料　40
分析的帰納法　135

平均寿命　61, 62, 118

封建遺制　93
法則定立的　135
法定人口　61
訪問面接法　110, 120
ホーソン工場実験　101
母集団　106-108

●ま行

マーケティングの手法　77

民衆娯楽研究　78
民俗学的調査　81

無作為抽出法　106

無産階級　57, 70-72
室蘭調査　133

面接　40, 97, 98, 127
面接調査　42, 116

モノグラフ　13, 15, 31-33, 81-87, 91
モノグラフィ　70
モノグラフ（的）研究　115, 130
モノグラフ法　12, 13, 87
問題発見型の調査　33

●や行

有意抽出法　106
有効回収数　120
郵送法　98, 110
夕張調査　133
郵便調査　103

世論調査会社　103, 111
世論の尊重　102
洋装率　74, 76
予備調査　97, 98

●ら行

ライフイベント　118
ライフコース　117, 119-122, 124
ライフコース研究　119, 121, 122
ライフサイクル　22, 117, 118, 122
ライフストーリー　126, 130-135
ライフストーリー法　32, 131-135
ライフヒストリー　ii, 7, 15, 24, 30, 34,
　35, 44, 55, 64, 78, 87, 88, 99, 100, 111,
　120, 123, 125, 126, 129-131, 133, 134,
　136
ライフヒストリー法リバイバル　128,
　130, 134
ランダム・サンプリング　98, 102, 106,
　108

リサーチ・センス　2, 3

143

リサーチ・ヘリテージ　　i, ii
リサーチ・マインド　　2
リサーチ・リテラシー　　2-4
リサーチ力　　1, 2, 4, 7
リテラシー・ダイジェスト社　　103,
　　104
量的情報　　19
臨時国勢調査局　　59, 60
臨床的方法　　127

ル・プレー（学）派　　13, 16, 88
ル・プレー・ハウス　　13

労働運動　　28, 49, 56, 57, 65
労働組合調査　　64
労働者家計調査　　65, 69
労働者生活調査　　70
労働者の貧困曲線　　118
労働力調査　　1, 62

●わ行

若宮調査　　85
割当法　　104-106
　　──の限界　　105, 106

人 名 索 引

[A]

オルポート，G. W.　135
アンダーソン，N.　31
青井和夫　120, 121
有賀喜左衞門　80-82, 84, 85, 88, 113,
　136

[B]

ベレルソン，B.　41
ベルトー，D.　131, 132
ブース，C. J.　18-20, 23, 24, 26, 37, 64,
　69, 137
ビューラー，C. M.　45
ビューラー，K.　45
バルマー，M.　33
バージェス，E. W.　8, 29

[C]

キャバン，R. S.　32
クレッシー，P. G.　32

[D]

デューイ，J.　34

[E]

江口英一　133
エンゲル，E.　13, 14

[F]

フェアリス，R. E. L.　8
フライヤー，H.　8
福武直　ii, 5, 6, 8, 11, 39, 91
布施鉄治　133

[G]

ギャラップ，G　102, 103, 111
ゴーデット，H.　41

ゲデス，P.　89, 123
権田保之助　67, 68, 71, 72, 78

[H]

間宏　93
日高六郎　8
樋口一葉　51
星野鉄男　68
細谷昂　85

[I]

石田忠　iii, 133, 136
石井十次　64

[J]

ジェームズ，W.　34, 35

[K]

鎌田とし子　133
カッツ，E.　43
川合隆男　47, 57, 62, 70, 91
ケロッグ，P. U.　37
木本喜美子　133
北川隆吉　93
喜多野清一　85, 86, 113
今和次郎　67, 72-79
甲田和衞　ii, 128
小山隆　113-117, 123

[L]

ラザースフェルド，P. F.　ii, 37, 41-43,
　45, 46, 102
ル・プレー，F.　iii, 12-16, 18
リンド，H. M.　37, 44, 45
リンド，R. S.　ii, 37, 38, 39, 40, 41, 44,
　45

145

[M]

マンハイム，K.　8
マーシャル，A.　23
松原岩五郎　51
松島静雄　92, 93, 99
メイヨー，G. E.　101
ミル，J. S.　88
三好豊太郎　68
森岡清美　117, 119, 122-124
森戸辰男　65, 78
マウラー，E. R.　32
村上文司　12, 14

[N]

永井荷風　70
中根千枝　8
中野正大　29
中野卓　ii, 99, 128-130, 136

[O]

尾高邦雄　8, 92-94, 96, 97, 99-101
大原孫三郎　63, 64
及川宏　113
大内兵衛　64
大内力　8

[P]

パーク，R. E.　8, 29, 34, 35, 127
ブラース，D. W.　124, 132

[R]

レスリスバーガー，F.　101
ルーズベルト，F. D.　41, 103, 104, 111
ラウントリー，B. S.　20-23, 25, 64, 69,
　118, 137
ラウントリー，J.　24, 25

[S]

ショウ，C. R.　32, 127
渋沢敬三　81, 88

[その他]

ジンメル，G.　34, 35
スモール，A. W.　8, 28
ソローキン，P. A　85, 89, 118
スペンサー，H.　25, 88
杉亨二　47, 48, 58
杉政孝　99
鈴木榮太郎　80, 85-89, 113, 117, 118,
　123, 124

[T]

高野岩三郎　58, 63-65, 67-69, 71, 78,
　91
建部遯吾　7, 8
竹内利美　85
谷岡一郎　3
トマス，W. I.　28, 30, 31, 127
戸田貞三　ii, 5, 7, 49, 54, 62, 70, 85, 91,
　113-115, 126-129, 133, 136
外山正一　7
辻勝次　92, 99

[U]

上田辰之助　25

[V]

ヴィンセント，G. E.　28

[W]

ワシントン，B. T.　35
綿貫哲雄　123
ウェッブ，B. P.　ii, 18, 24, 25, 137
ウェッブ，S. J.　26, 137
ウェーバー，M.　8, 14, 15, 101
ヴィンデルバント，W.　34
ウラデク，W.　30

[Y]

山本教憲　92
山名義鶴　68
山中篤太郎　136
柳田国男　81, 85, 88, 89

人 名 索 引

柳宗悦　　88
安田三郎　　6, 8
横山源之助　　49-56
米山桂三　　93
米田庄太郎　　88
好井裕明　　2

[Z]

ジンマーマン，C. C.　　89
ズナニエッキ，F.　　30, 31, 127, 135
ゾーボー，H. W.　　31

▷著者紹介◁

小林 多寿子（こばやし たずこ）

　一橋大学大学院社会学研究科特任教授　　専門：経験社会学・質的調査研究
　大阪大学大学院人間科学研究科博士後期課程単位取得退学　博士（人間科学）

[関連著書論文]

「ライフストーリー法──いかに「具体的な人間」を描くことができるのか？」
　『質的調査の方法──都市・文化・メディアの感じ方［第2版］』（法律文化
　社，2016年：71-83）

『歴史と向きあう社会学──資料・表象・経験』（共編著，ミネルヴァ書房，
　2015年）

「質的調査データの公共性とアーカイヴ化の問題」『フォーラム現代社会学』第
　13号（関西社会学会，2014年：114-124）

『ライフストーリー・ガイドブック──ひとがひとに会うために』（編著，嵯峨
　野書院，2010年）

『ライフストーリー・インタビュー──質的研究入門』（共編著，せりか書房，
　2005年）

系譜から学ぶ社会調査
──20世紀の「社会へのまなざし」とリサーチ・ヘリテージ　　《検印省略》

　2018年7月20日　第1版第1刷発行
　2020年11月20日　第1版第2刷発行

　　　　　　　　　　著　者　小　林　多寿子

　　　　　　　　　　発行者　前　田　　　茂

　　　　　　　　　　発行所　嵯　峨　野　書　院

〒615-8045　京都市西京区牛ヶ瀬南ノ口町39　電話(075)391-7686　振替01020-8-40694

　©Tazuko Kobayashi, 2018　　　　　　　　　創栄図書印刷・吉田三誠堂製本所

ISBN978-4-7823-0569-0

JCOPY〈出版者著作権管理機構　委託出版物〉
本書の無断複製は著作権法上での例外を除き禁じられ
ています。複製される場合は，そのつど事前に，出版
者著作権管理機構（電話03-3513-6969，FAX03-3513-
6979，e-mail: info@jcopy.or.jp）の許諾を得てください。

◎本書のコピー，スキャン，デジタル化等の無断複製
は著作権法上での例外を除き禁じられています。本書
を代行業者等の第三者に依頼してスキャンやデジタル
化することは，たとえ個人や家庭内の利用でも著作権
法違反です。

嵯峨野書院

ライフストーリー・ガイドブック
―ひとがひとに会うために―

小林多寿子 編著

珠玉のライフストーリー約90点を66人の研究者が丁寧に紹介。生き生きと描かれるライフストーリーのおもしろさ，奥深さ，豊かさが，きっとあなた自身のライフを深く見つめさせてくれるはず。

Ａ５・並製・414頁・定価（本体3200円＋税）